ケインズとハイエク
貨幣と市場への問い

松原隆一郎

講談社現代新書
2130

目次

序章　ケインズとハイエク、再び

大戦間期ヨーロッパと現在の世界

日本経済は一九九二年のバブル崩壊後、長い氷河期のような日々を送ってきた。対照的にアメリカや中国、発展著しい新興国は目覚ましい経済成長を遂げた。日本だけが、何ものかに取り憑かれたように不調を託《かこ》ってきたのである。

けれども二〇〇七年のサブプライム危機、二〇〇八年のリーマン・ショックを経ると、基軸通貨ドルの威信にも翳りが差し始めた。中国の追い上げもあり、単独の覇権国としての地位をアメリカが維持できるのか、疑いが持たれている。ギリシャ財政危機に端を発した欧州金融危機がどのような結着を迎えるのかも、予断を許さない。

世界経済には大きな構造変動の波が打ち寄せているのだろうか、それともこれは景気循環のひとこまに過ぎないのか。日本はその潮流の中でどのような位置にあり、どう経済を舵取りすべきなのか。問いが大きすぎるだけに、とりあえずは歴史を遡り、世界経済が激動の渦のただ中にあった時代に目を向けたくなる。

状況として似ていると感じるのが、第一次と第二次の大戦間期のヨーロッパである。イギリスの覇権と国際金本位制はともに揺らぎつつあったが、アメリカは好景気を背景に早足で覇権国への階段を登ろうとしていた。そして一九二九年、アメリカのウォール街を株式市場の暴落が襲い、世界各国は一九三三年頃まで大恐慌の渦に巻き込まれていった。

ちょうどその頃、景気循環をもたらす動因は何なのか、対策はあるのか、果ては社会主義への転換を果たすべきなのかまで、矢継ぎ早に、しかしこの上ない深さで考察していた人たちがいる。本書の主人公である、ジョン・メイナード・ケインズとフリードリヒ・アウグスト・ハイエクである。彼らは一九世紀末のケンブリッジとウィーンに生まれたが、やがてハイエクが渡英、一九二〇年代末からケインズが没する一九四六年まで交遊を続けた。

ただし彼らの思想は不思議なほど対立したし、ときに関係の修復が不可能かと思われるほど激しい論争を交わした。けれどもその照準は的確であり、現代にも通用するものであった。ハイエクの社会主義批判は、一九九〇年代の社会主義圏の崩壊で正しさが確認された。金融市場をいくら自由化しても経済危機は起きないという楽観はリーマン・ショックを経て瞬く間に崩壊したが、これは過剰な銀行貸出には規制をかけねばならないとするハイエクの資本理論が正しかったことを物語っている。またその対策として各国の経済当局はケインズ的介入は無効という近年の常識を捨て、なりふり構わず財政赤字を拡大し、政府支出と公共投資に当てた。R・スキデルスキーの書名のごとく、『ケインズ―巨匠の生還(Keynes:The return of the master)』(二〇〇九)が起きたのだ。

中央銀行実務でもハイエクとケインズは意識されている。元日銀副総裁岩田一政の回顧録[*1]によれば、

金融面での不均衡や資産価格バブルに対して金融政策はどのように対応することが望ましいかという点について、二つの見方がある。金融面での不均衡に対して早目に対応すべきであるとする「BISビュー」と資産価格のバブルについては金融監督・規制で対応し、金融政策は「後始末」をしっかりすべきであるという「Fedビュー」である。私の見方によれば、前者はハイエク、後者はニュー・ケインジアンの考えを代表している。

岩田によると、ハイエク的といえる「ＢＩＳビュー」とは「自然利子率と市場利子率の乖離《かいり》は、最終的には収益を生まない投資に信用を供与する金融システムをつくり出」し恐慌をもたらすから、金融面での不均衡を回避するためにはなるべく早期に市場利子率を自然利子率に近づけるべきという立場である。これに対しニュー・ケインジアンの「Ｆｅｄビュー」は、自然利子率と市場利子率の乖離を人為的に作り出すことにより経済変動を平準化し、インフレやデフレの発生を予防しようとするものである。自然利子率とは貯蓄と投資とが一致する水準の利子率であり、市場利子率とは貯蓄以外の資金供給や投資以外の資金需要が加わって市場に現れる実際の利子率である。

しかし彼らの経済学を振り返るとなると、当人の発言に直接に立ち戻る必要がある。というのも要約されるうちに彼らの主張は微妙なニュアンスを失い、ときには当人の主張が批判の対象とした理論に換骨奪胎されることさえ起きているからだ。既存理論に汚染された脚色のせいで、彼らの主張は核心が伝えられていない。

蔓延する誤解

たとえばケインズの主張は、いわゆるマクロ経済学の中の一つの立場（ケインズ主義）として理解される傾向がある。けれどもケインズ自身は計量分析には悪罵を投げつけたし、昨今のニュー・ケインジアンのように賃金が固定的であることが失業の原因だという見方については、一九三六年の主著『雇用・利子および貨幣の一般理論』(以下、『一般理論』)でわざわざ批判している。

一方、ハイエクは、社会主義・ケインズ主義の徹底した批判者であり政府と行政の肥大化を糾弾したところから、新自由主義の提唱者であるかにみなされてきた。だが規制や慣行を撤廃せよと説く構造改革ほど、彼の思想から遠いものもないだろう。というのも、ハイエクが唱えたのは中央銀行のみならず民間の金融機関にも規制をかけることであったし、慣行を前提にその組み替えを原動力とする自由社会を築くことだったからだ。

もちろん彼らの経済学は、幾度か再評価されたことがある。たとえばマクロ経済学はミクロ理論との折衷であってはならず、後者による基礎付けを受けねばならないとするR・E・ルーカスJr.は、みずからをハイエクの影響下にあるものと認めている。[*2] ハイエクは、ケインズ本人をというよりも、ケインジアンを批判するという文脈で評価されたのだ。

しかしルーカスのような読み方でハイエク理論を理解したことになるのかと言えば、それも怪しい。確かにハイエクは、一九四一年の『資本の純粋理論』では予想が的中する経済主体と実物的な均衡とを前提に、資本理論を展開した。けれどもハイエクは、ルーカスのように合理的期待を前提しつつ計量分析を行うことを愚として戒めてもいる。同書の第

2章で宣言するように、「均衡概念に現実的な解釈を与えようとすれば、その純粋に虚偽的な特質を率直に認めれば得られる重要性を失うことになる」とみなしていたからだ。

またケインズとハイエクにかんするイメージを広く流布させた人に、J・R・ヒックスがいる。彼は両者の理論につき、それぞれ解読する論考を発表している。論文「ケインズと『古典派』」（一九三七）[*3]は、ケインズ『一般理論』の骨格がIS＝LM（ヒックスはIS＝LLと表記）図式にあることをいち早く主張した。しかし彼はこのケインズ解釈が伸縮的な価格と賃金を前提にしておりケインズが批判した新古典派（総合）のものだとして、『ケインズ経済学の危機』（一九七四）では、ケインズの真意が「固定価格市場」を描くことにあったと修正した。これは後のニュー・ケインジアンと同列のケインズ解釈である。ケインズ自身は一九三七年、書簡でヒックスに反論しているが、それは古典派の解釈をめぐる技術的な確認であった。より重要なのは、かりに賃金が下がったとしても有効需要が縮小し、さらに非自発的失業が増えるという『一般理論』の主張である。つまりケインズは固定価格や賃金硬直性を失業の原因とは見なかったのであり、別の「地平」に立って議論しているのだが、そうした「地平」はヒックスには共有されていない。

またヒックスは論文「ハイエク理論の再検討」（一九六七）[*4]で、ハイエクについても解説している。第二章で詳述するように、ハイエクは『価格と生産』（一九三一）において、生産の活発化（ハイエクの用語では迂回生産の長期化）は二つのきっかけから始まるとしている。家計の時間選好が変わり消費を減らし貯蓄を増やす「自発的貯蓄」のケースと、生産者に信用が供与され貨幣流通量が増加する「強制貯蓄」のケースである。ハイエク自身は、後者の「強制貯蓄」ではいったん迂回生産が長期化したのちに逆に短縮化に転じるとし、これを「恐慌」と呼んだ。それに対しヒックスは、前者の貯蓄率の変化に応じた経済の調整を成長理論における先駆的な貢献として高く評価するのだが、後者の信用拡張については時間の経過とともに生産構造が伸び縮みしたりするはずはないとして、疑問をなげかけている。

ヒックスによると、市場利子率が自然利子率以下に下がるような信用の拡張があってもたんに価格が一様に上昇するだけで、生産構造に変化は生じない。これに対してハイエクは、企業が融資を受ければ生産財の貨幣価値が上昇すると言う。そして労働者が完全雇用されており賃金が伸縮的であると、貨幣賃金も上昇する。しかしこの段階でハイエクは何故か、消費財需要が増加せず、消費財価格も上昇しないと述べている。この不可解な「消費ラグ」の仮定を置くせいで、生産財価格と消費財価格の相対関係が変化し生産財が「ブーム」になるのだが、それはいかにも無理な想定だ、とヒックスは評するのである。

ハイエクの反論

　興味深いのは、ハイエクがこのヒックス論文に対し二年後に論文「リカード効果についての三つの解明」(一九六九)[*5]を書き、「私はこの(ヒックスの)主張はまったく根拠がなく誤ったものであると思う」として、強く反発していることである。

　ケインズとハイエクも互いを批判しているのだから、批判するなと言うのではない。批判するならその前に、対象が何を述べているのか、ありのままに理解しなければならない。ケインズを読むときもハイエクを評するときも、ヒックスは自説を前提にしてしか読解しないようなのだ。ケインズもハイエクも既存の経済学、とりわけ新古典派の枠を超えようと苦闘した。それに対し、逆に彼らを切り刻んで新古典派の枠に丸め込んだのがヒックスのIS＝LM図式や固定価格というケインズ解釈であり、「ラグ不可解説」によるハイエク批判だったらしいのだ。

　ハイエクのヒックスに対する反論を見ておこう。ヒックスは「実物的与件によって決まる関係のみが遅かれ早かれ現われるはず」と考えている。「市場利子率の自然利子率以下への『下落』は不均衡現象であると解釈されなければならない。すなわち、市場が均衡していないあいだだけ持続する現象である。……もし諸価格の即時的な調整が行われれば、市場利子率と自然利子率の乖離が起こる余地はない」とヒックスは書く。

これに対しハイエクは、現実の市場利子率が、「実物的均衡」に対応した自然利子率から貨幣的変化によって乖離させられる期間は長期にわたる、と主張する。貨幣流入の衝撃によって相対価格構造が「不均衡」になるのは新しい与件に対する調整であり、貨幣が流入し続ける限り続く、一定時間を置いた後であっても価格構造が実物的要因にのみ依存する均衡状態に復帰することはない、とまで言い切るのである。経済学にかんする発想が、どこか根本的に違っているらしいのだ。

具体的には第三章で検討するが、ここではハイエクの「比喩」に触れておこう。ハイエクは貨幣が持続的に流入もしくは流出するときに生じる状態を、物理学的な「均衡」ではなく、「定常状態」ないし生物学者が「流体平衡（fluid equilibrium）と呼ぶもの」と言い換えている。そしてハチミツのように粘着性のある液体を容器に注ぐときの例を挙げる。注がれたハチミツは容器の壁にぶつかると広がってゆくが、持続的に注ぐと小山ができ、その形は一定の時間維持される。また注ぐことをやめた後でも、ハチミツが完全に平たい面になるまでには幾ばくかの時間を必要とする。それが「流体平衡」とハイエクが呼ぶ状態である。

現実が量と粘着性を有する「流体」であるとすれば、「均衡」の概念に対応するのが体積を持たない質点と力である。ヒックスは後者で市場経済をとらえるが、そこには持続する時間が存在しない。この比喩でハイエクが示唆するのは、経済における「実物」の「均衡」というモデルによっては、持続する時間や流体の循環は把握できないということである。では、「ハチミツのように粘着性のある液体」とは何か。貨幣経済においては、生産財にせよ消費財にせよ原材料にせよ、ヒックスの想定するようにモノ同士では交換されえず、貨幣で購入したり売って貨幣を得たりするという流れのうちにある。しかも貨幣を手放すという個々の不可逆な行為を決断するには将来を予想しなければならず、いくばくかの時間がかかる。粘着性とはそのことを指す。

ハイエクはこう述べる。

もし収入として受けとられるが消費財に費やされないいくらかの貨幣が、投資されずに退蔵されるかまたは循環から取りだされるなら、あるいは、もし投資がその目的のために創造された追加的な貨幣によって貯蓄量を超過して行われるか、現金残高から解放されるなら、価格構造の持続的な変化が引きおこされるだろう。

収入として受け取られたものの消費財に費やされない貨幣が、投資財を買うために用いられず貨幣のままで退蔵されたり経済の循環から離脱するということは、新古典派においては長期的にはまずありえない。なぜなら貨幣はあくまで財に対する消費欲望を満たすための手段にすぎず、それ自体を保有することには意味がないとされるからだ。にもかかわらずハイエクは、貨幣につき交換の媒体であることを中止するような退蔵や離脱が起きうると述べている。それには人々の期待やコミュニケーションがかかわるだろう。そしてこれは、ケインズが不況の原因とみなした「流動性の罠」でもある。貨幣を得たり手放したりするには決断が必要であり、決断は先延ばしにされることもあるということだ。

彼らは市場を不均衡か均衡かではなく、人々が貨幣を余計に保有したり（＝「不況」）、手放し過ぎたり（＝「バブル」）する過程として描こうとしている。ハイエクはそれを銀行による不要な信用拡張や予想を調整するために行うコミュニケーションの結果だと考え、ケインズは投機が引き起こす人々の不安や慢心に由来すると考えた。本書では、貨幣保有状況や人々の間のコミュニケーションが、市場経済を高揚も落胆もさせるのだと考える両者の軌跡を辿っていく。

本書の構成につき、述べておこう。

第一部「伝記―二つの人生とまなざしの交錯」第一章では、両者の来歴を、一九二八年の出会いから一九四六年のケインズの死に至る二人の交流を中心に、描いている。

第二部「不況はなぜ起きるか──二つの反主流派経済学」は、当時イギリスに浸透していたA・マーシャルやA・C・ピグーに代表される新古典派経済学とは異なる経済学を、ケインズとハイエクがいかに構築していったかを述べる。

第二章では、ケインズの『貨幣改革論』と『貨幣論』、ハイエクの『貨幣理論と景気循環』と『価格と生産』を要約する。ケインズの『貨幣論』はK・ヴィクセルの市場利子率と自然利子率の区別を導入し、生産量が市場利子率の自然利子率からの乖離によって変化するとし、さらにストックとしての資産市場を明示したところに特徴がある。市場利子率が自然利子率を下回る（上回る）と一般物価水準の高騰（下落）が生じるため、金融政策によってこれを抑えるというのがケインズの対策となる。ハイエクはそれに対し、同じくヴィクセルを参照しながらも、一般物価水準を安定させるだけでは景気変動を抑えることができず、金融政策や民間銀行の信用拡張は景気不振を恐慌にまで至らせると主張した。

第三章ではケインズの『貨幣論』に対するハイエクの書評を紹介する。ハイエクはケインズの主張を再構成しつつ、「利潤」が集計量になっており個別の企業家の事業とのかかわりが不明であること、投資の概念に裏付けがないこと等を批判する。

第四章は、ケインズが『一般理論』へと歩を進めた過程とハイエクの反発を描いている。ケインズにとって『貨幣論』は完全雇用のもとで物価が累積的に変動する理由を解き明かす書だったが、均衡は複数ありうるというP・スラッファの指摘を経て、『一般理論』では不完全雇用のままで総需要と総供給が均衡しうると述べるに至った。だがそれだけだと、なぜ労働市場だけが不均衡なのか疑問が生じる。実際、後の「ケインジアン」はそう考え、「賃金が硬直的だから」という答えを導いた。けれどもケインズ自身は、そう考えない。総需要に対する総供給の超過という実物部門の差額は裏返せば貨幣の超過保有であるから、それがなぜ起きるのかと問えば、「流動性の罠」という現象にたどりつく。『一般理論』はヒックスの解釈にもとづくIS＝LM分析で要約されうる部分と、流動性を考察し他とは異なる論調の第17章「利子と貨幣の一般的性質」とから成っている。不確実性を前にした確信のゆらぎと動態にある経済とのかかわりを検討することによって、それまで経済体系の描写で与件とされてきたもろもろの変数が揺れ動く様を描写しようとしたのである。

こうした転換の背後には、ケインズが『確率論』の自然科学的な帰納法を捨て、経済体系において何を「単位」とみなすかにつき、観察者が社会にかんする意味解釈を行うとみなしていたことがある。『確率論』における類比（analogy）の概念を社会においてとらえ直そうとしたらしいのだ。さらにケインズは『一般理論』に、ハイエクの書評への回答も忍ばせている。生み出した消費財原材料に対する需要の裏付けのない投資とは、「投機」

のことである。資産市場での投機が、資本主義経済を不安定化させるのである。
ハイエクは『利潤、利子および投資』で、消費需要の増加が投資需要の増加にはつながらず逆に減退させるという「リカード効果」を説明する。さらに『資本の純粋理論』では、資本が個別に異質であるときに様々な衝撃に対し経済体系はどのように反応するかを思考実験した。ところがその試みはあまりにも煩雑で、有益な経済的知見を得るよりもむしろ人間の思考には限界があることを示唆するに止まった。そうした厳密さにともなう晦渋さが、ケインズ『一般理論』の盛名の陰にハイエクが沈潜してしまった理由のひとつであろう。

だがハイエクは一方で、社会主義経済計算論争から、時と所についての特定の状況にかんし断片的な知識しか持たない人々が、秩序ある経済を営みうるのが市場だという直観を得ていた。これは、市場で流通する財は客観的に分類されたものではなく、人々がそう主観的に分類（classification）するものなのだという『科学による反革命』の立場へとつながっていく。どの商品とどの商品が競合し、どれがどれと補完しているのかは、市場において判明する。商品の異同や定義は観察者の解釈によってではなく、市場において定まり慣行となる。ここでハイエクの資本理論は、「カタラクシー catallaxy」へと装いを改める。注目しておきたいのが、ハイエク心理学の「分類」（や「リンケージ」）概念とケインズの確率論における「類比」概念の類似性である。彼らは人間観としても方法論においても、かなりの共通性を有していたのだ。

第三部「二つの自由論─進化と危機」は、彼らの自由論が、政治哲学のそれなどとは異なり、あくまで第二部で述べたような経済観に由来するものであることを、時系列から離れ著作からテーマを抜き出すことで跡づける。

第五章では、ハイエクが資本理論で中央銀行と民間銀行を拘束するとだけ述べていたルールを、より広く「法」全般においてとらえ直し、「法の下の自由」へと議論を進めた経緯を展望する。彼は「法の下の自由」を脅かすものとして、法を万人に適用されるべき原理とみなさず一部の利益であって構わないとする「交渉民主主義 bargaining democracy」を挙げ、その台頭に警鐘を鳴らしている。

一方ケインズは、「現代における最大の経済悪は、危険、不確実性、無知」だとして、個人主義・自由主義が限界に直面したと見る。そこで「個々人が一つの社会単位にまとまる」ことを推奨、通貨及び信用の中央機関による管理、企業実態の把握、貯蓄と投資の調整、人口政策等を唱えた。ここでの両者の対立は、自由主義経済の敵は法を一部の利益に利用する民主主義なのか、それとも不確実性なのかという論点へと移行している。

第六章は、それぞれの立場から二人が通貨の管理をいかに行うべきと説いたのかを概観する。ケインズの経済論は『平和の経済的帰結』以来、一貫して国際通貨に注目している。そして経済状況により自由貿易と保護貿易を使い分けようと試みたものの、最終的にはドル本位制の実現に抗って国際清算同盟案を提言した。一方ハイエクは国際収支の黒字・赤字そのものも反故にすべく、通貨発行の民営化を唱えた。

第七章では、複雑性や不確実性に直面した人間がどのように振る舞うのか、両者の人間論・慣習論をまとめておく。ハイエクは、人間は言語における文法に代表される多様なルールに、暗黙のうちに従い他人とコミュニケートしているのだと主張する。そして世界において様々な形で存在する慣行的なルールのうち、いずれが優位かを市場が指示し、他のグループがそれを模倣することによってルールは進化していくのだと言う。一方ケインズにとって慣行は、素人が大勢を占める資産市場での投機のごとく、流動性の罠やバブルといった不安定性を経済にもたらすものである。

第八章では慣行に対する賛否を踏まえ、両者が保守主義をどう評価するのかを検討する。ハイエクはルールの自生性に着目した点では保守主義を評価するが、進化よりも停滞を支持してしまう点で自由主義の方に期待をかける。ケインズも同様だが、彼のバーク論を読み返すと、バークの保守主義が「便宜」により政治を行なおうとする立場である点を高く評価していることが分かる。ここで両者は、法の一般性をとるか対症療法的な便宜をとるかで厳しく対立している。

第九章では、法の一般性と便宜的利用とは両者を分かつ最終的な分岐点なのか否かをさらに検討する。筆者は結論として、必ずしもそうではないと考える。両者は、社会を平時と危機のいずれにあるのかにつき異なる判断をしたのではないか。ハイエクの自由論は平時の書である。対するにケインズの自由論は、危機の書なのであった。

第一部　伝記――二つの人生とまなざしの交錯

第一章　交遊と衝突

ケインズ——早熟な警世家

ヴィクトリア朝（一八三七—一九〇一）も末期に至ると、一九世紀において自由貿易と金本位制そして「世界の工場」と称された産業力により築かれたイギリスの覇権にも翳りが見え始めた。帝国主義戦争により植民地は増えていたし、貿易と海外投資はいまだに莫大な富をもたらしてはいた。けれども一方では、南北戦争の危機を脱したアメリカとともに、ドイツが海外市場の獲得をめざしてイギリスの権益を脅かしていた。

ドイツでは技術革新も目覚ましく、とりわけ企業を大規模化したことで化学・電気・自動車産業など大量生産の分野に新境地が拓かれていた。一八八〇年代にはイギリス国内にもドイツ製品が溢れるようになり、それまで世界に向け唱えていた自由貿易の理念にも疑感の目が向けられて、イギリスでは「公正貿易」運動や一八九〇年代の「反ドイツ製品」キャンペーン、一九〇三年にはＪ・チェンバレンの「関税改革」運動が展開された。

一方、一九世紀末のドイツはナショナリズムに沸き立ち、ヴィルヘルム二世は一八九六年に「世界政策宣言」を公表した。一八九八年から一九一二年まで、五次におよぶ「艦隊法」によって海軍力を拡大し、イギリスと「建艦競争」を闘うまでになっていた。ドイツの勢力拡大により、イギリス生まれのケインズとオーストリア生まれのハイエクは、運命の糸で結びつけられることになった。

世紀末のイギリス経済には、「オーバー・コミットメント」と呼ばれる既存産業への固執と企業家精神の衰弱、失業が広がっていた。すでにウィッグ党は自由党に改組、参政権の拡大と政治改革を受けリベラル化しており、社会主義の発展を目指すフェビアン協会も発足していた。イギリスは、古典的な自由主義を唱える先導者ではなくなっていた。

ケインズ（John Maynard Keynes）はイギリスに没落の兆しが見え始めた一八八三年六月五日、イギリスの大学町・ケンブリッジに生まれた。[*1] 父ネヴィルは経済学者、母フローレンスは社会事業家であった。当時のイギリスではピューリタニズムの再興とも評される福音主義が興隆し威厳や礼節が強調されたが、児童労働や売春など社会の暗部も存在して、モラルには裏表があり偽善が瀰漫《びまん》していた。貴族である地主、新興の実業家、上級労働者、下級労働者からなる階級社会であったヴィクトリア朝時代の社会秩序は福音主義の教えと社会的服従に依存し、そうした偽善に疑問を感じる若者たちの間には、「権威の危機」が広がっていた。

ケインズは一八九七年、上流階級の子弟にとっては憧れの的であったイートン・カレッジに入学すると、さっそく哲学と古典、歴史学に才能を示した。一九〇二年にキングズ・カレッジ（ケンブリッジ大学）に進学、様々な学生団体に加わり、なかでも一部の選ばれた人々で構成され外部には秘密とされた哲学討論集団「ザ・ソサエティ」（通称「使徒会Apostles」）に属した。

ケインズが二〇歳になる一九〇三年、G・E・ムーアが『プリンキピア・エティカ』[*2]を発表した。B・ラッセルも同年『数学の原理』を出版し、事実上この年に「分析哲学」が発足する。彼らが探求したのは、イギリスで当時人気の高かったヘーゲル哲学を始めとする種々の観念論や形而上学によらず判断の根拠を示すことができ、科学や倫理の基礎を固めうる哲学であった。とりわけムーアは「善い good」とか「べき」、「行為」などの哲学言語を分析することにより、哲学上の問題とされたものを解消しようとした。

ムーアは『プリンキピア・エティカ』で、「社会にとって有益である」とか「誰かにとって好ましい」は、「善さ」とは同義ではないと主張した。社会や他人のために自己犠牲をも厭ってはならぬというモラルは、「善さ」とは必ずしも一致しないと言うのである。この主張はケインズを驚かせ、感激させた。「社会にとっての有益さ」を目指す政治家の偽善的行為にせよ、「誰かにとっての好ましさ」を示す経済的成功にせよ、ともに人生の目的とは限らぬと言うのだ。この指摘は、ヴィクトリア朝において紳士に課されたような義務に偽善を、社会が求めた金銭的成功に低俗さを感じ取っていたケインズら青年たちの心をつかみ、偽善や低俗さからの解放を可能にするものと受け取られた。

ムーアはさらに同書末尾で「理想的なもの」を論じ、善は外部の世界や時間の経過から離れて精神の内部で愛や真や美とともに直覚されるとして、「人間的な交わりの喜びと、美的対象物を楽しむこと」がもっとも高い価値を有すると述べた。この教えに接したケインズは、「感動的で陶酔的、一つのルネッサンスの始まり、地上における新しい天国の開始であり、われわれは新しい摂理の到来を告げてまわる伝道者として、何も恐れることはないのだと感じていた」[*3]とまで記している。この託宣により、社会や他人、金銭や効用に還元されることのない交遊や観照が是認された。人は内面をあやつる倫理と外面から拘束する道徳や慣行とでみずからの行いを方向づけるものだが、内面のみ見つめて外からの縛りはうち捨ててよいとみなしたのである。ムーアのこの教えに従って、使徒会では真理のみが重視され、意見を翻すことに躊躇してはならないとされた。後年、ケインズは様々に意見を変えたが、それには使徒会での経験が反映されている。

ムーアの倫理学は、使徒会や若き芸術家・文学者の集いである「ブルームズベリー・グループ」において「寝床で若い男に髭を剃ってもらう」ような同性愛者としてふるまっていた[*4]ケインズに、正当化の論拠を与えたかに思われた。ケインズが終生、貨幣愛を「エセ道徳」と嫌悪したのも、将来に備えて貯蓄するより現在の一瞬に燃焼することを優先するこうした教えに従ったせいであろう。

ケインズは後年、経済学の師マーシャルについてR・F・ハロッドに「ねえ君、彼はまったくばかげた人間だったよ」と侮蔑的に語ったという[*5]が、師の有名な「暖かい心に冷たい頭脳」なるモットーにも、ヴィクトリア朝的道徳観の偽善性を感じ取ったということとなのであろう。けれども、かといって、ケインズが慣行に対し侮蔑のみを向けたとまでは言えない。友人・家族への親愛や行政組織における責務などにつき、ケインズは誠実であった。もっともヴェルサイユ条約の内容に憤激して大蔵省を辞し、ロシア人バレリーナを娶《めと》るという型破りなやり方が、彼なりに社会に筋を通す振る舞いだったのではあるが。

けれどもケインズには、ムーアの哲学には不徹底な部分があると思われた。そこで一九〇四年、使徒会においてその修正を図る「行動に関する倫理」と題する論文を発表する。そしてマーシャルやピグーの個人授業を受けつつも、一九〇六年の大学卒業後はいったんインド省に入省、一九〇八年にこのテーマを発展させた確率にかんする論文を書き上げた（確率にかんする構想はふくらみ、一九二一年になってようやく『確率論』[*6]として出版にこぎ着けている）。マーシャルの薦めもありインド省を辞してケンブリッジ大学に戻ったケインズは、翌年には学部では金融論を担当し、フェローの資格も得た。一九一一年には三四年間その職を務めることになる学会誌『エコノミック・ジャーナル』の編集を引き受け、さらに自由党の活動にかかわるようになる。一九一三年、当時支配的であったA・マーシャルの貨幣数量説をインドの貨幣制度改革に適用した『インドの通貨と金融』を出版する。

ケインズが三一歳になった一九一四年六月二八日、オーストリアの皇太子夫妻がボスニア州都のサラエヴォでセルビア人青年に銃撃を受けて死亡、オーストリアはセルビアに宣戦布告し、複雑な利害関係にあった列強も次々に参加していった。第一次世界大戦の幕開けである。英独両国はついに衝突することとなったのである。ドイツ・オーストリアの同盟国はロシア・フランス・イギリス・日本の連合国と戦い、戦闘は一九一八年一一月にドイツが休戦を申し込むまで続いた。

この間、ケインズは一九一四年の金融恐慌に際して大蔵省から協力を要請され、一九一五年には同省に入省している。さらに一九一七年、イギリスの対外金融を取り仕切る新設のA課の課長となり、同盟国間の国際貸借を担当、イギリスの融資によって連合国軍が物資を購入する制度の確立やドイツに対する賠償請求額の算出に奔走した。

一九八センチの長身で風采がよく、ブリッジ・ゲームをたしなみ噂話で人を楽しませたケインズはすでに有能な大蔵省官僚であると目されており、大戦終結後の一九一九年、パリ講和会議に大蔵省首席代表として列席する。賠償額を妥当な線に抑えることに同意するようイギリス首相のロイド・ジョージに働きかけたがそれに失敗すると、なんと議決に反対し大蔵省を辞職、自説を『平和の経済的帰結』（一九一九）として出版する。直前まで眼前で接してきたG・クレマンソー、W・ウィルソンらの巨頭を、随行した一大蔵官僚が生々しくかつ皮肉に描写したわけで、話題を呼ばないはずがない。こうしてケインズは一躍時論家として名声を得ることとなった。

この本でケインズは、連合国がドイツに期待する賠償額は支払い不可能であること、ヨーロッパの繁栄は複雑な連帯に依存するものでありそうした請求を強行すればすべてが破綻してしまうだろうこと、請求額の中に恩給や諸手当を入れるのは信義に反するということ、そしてドイツに対する正当な請求額はドイツの支払い能力の範囲内とすべきことを説いた。さらにケインズは、戦後の金融市場の安定のため連合国は互いの負債を完全に取り消すこと（これはアメリカに二〇億ドルという巨額の債権を放棄させることを意味した)、インフレがもたらすであろう富の恣意的な再分配もまた資本主義を崩壊させること、かといって物価統制は不当であることを訴えた。賠償と戦債をめぐっては続編の『条約の改正』(一九二二)でも追究している。

金本位制の行方

かくしてケインズは、第一次大戦の背景となった不安定な国際金融市場に目を向けるようになる。なかでも注目したのが、金本位制の行方であった。すでにケインズは個人的に商品投機や有価証券投機を一九二〇年に始めており、投資信託会社を設立、全財産を失うほどの失敗を経験し成功も重ねていたから、投機の知識はかなりのものであった。

国際金融については、『インドの通貨と金融』においてもすでにユニークな分析を行っている。大英帝国にとって富の源泉のひとつであったインドは当時銀本位制を取っていたが、多くの国々が金銀複本位制から金本位制に移行したため、銀は金に対して下落していた。ここで金本位制論者ならば、インドも金本位制を採用すれば片は付くと考えるだろう。しかしケインズはインドに金為替(ポンド)本位を採用するよう訴えた。金本位制を固執する必要のない制度とみなしたのである。

国際金本位制は、D・ヒュームの唱えた「正金配分の自動調節理論」の原理に従うものとして正当化されていた。ヒュームによれば、金本位制のもと、ある国が貿易黒字になると輸出超過で得た金が流入して国内物価が上昇、輸出品の価格も上がり、輸出量が減る。そして輸入が増え輸出を上回り貿易が赤字に転じるなら、支払いで金は流出してゆき、国内物価は下落に向かい、輸出は容易になってゆく。国内物価や貿易収支は、金の流出入を通じて自動調節されるというのである。

ところがケインズの目には、二〇世紀初頭において金本位制はそうした機能を持たなくなったと見えていた。まずイギリス国内において、すでに流通する貨幣量は金によって拘束されていなかった。銀行制度の発達により当座預金と小切手も通貨とみなされていたからで、第一次大戦前にはすでに貨幣の九割が銀行預金であった。したがってイギリスには、金本位制であるにもかかわらず莫大な金を保有する必要がなくなっていた。

そのうえ国際的な金の流出入も輸出入の不均衡を反映しなくなり、国内物価の上昇・下落には直接につながらなくなっていた。イギリスを中心に国際的な資本移動が活発になっていたからである。資本移動とは国際間の貸借のことで、貿易収支が赤字になっても外国が資金を貸してくれるなら金は流出せず、代わりに外国への「借用証書」(対外債務)が増えていたのである。

イギリスはといえば非貿易収支も加えた経常収支が常に黒字であったため、他国に対して資金の貸し手の立場にあった。そのうえポンドは国際通貨としてどこの国にも受け入れられたから、バンク・オブ・イングランドが金利を上げれば短期資金はただちに呼応して貸し出しを減らすことができた。インドは金本位制に移行して金の保有額に国内通貨を縛られるよりもポンドで資産を保有するべきだ、というのがケインズの見解であった。

これは金本位制がすでに管理通貨制に変質していたという鋭い洞察であり、イギリスはとくに国際的な資本移動の中心でもあったから、金本位制を有利に利用しえているという指摘であった。一九一四年の金融恐慌に際してもケインズは『エコノミック・ジャーナル』に一連の論文を発表、イギリスに金が流入しているが安心していてはいけない、いよいよ時代は金本位制から管理通貨制に移行しつつあると強調していた。

ところが第一次大戦は、イギリスを優位にする条件を破壊した。「パックス・ブリタニカ」は瓦解したのである。イギリスには、次第にロンドンの金融的地位の低下とアメリカからの借款が重荷になっていった。終戦とともに再建されつつあった金本位制は、イギリスにとって利益をもたらすものではなくなり始めていた。

ケインズはキングズ・カレッジの会計官や雑誌出版にも携わるようになり、折々に各誌に論考を発表していたが、一九二三年にはいよいよ『貨幣改革論』を出版、金本位制復帰に反対する論陣を張る。金本位制は国内物価水準の安定を脅かし、しかも国内物価と為替安定は両立しえない。為替の安定は二の次と言っていいが物価安定は国内社会のために重要である。さらに金本位制に復帰しても、金を十分に蓄積しているアメリカが不胎化政策を採用すれば制度は機能しなくなる。金本位制は、実質的にはすでにドル本位制と化していた。金本位制への復帰はアメリカに属することを意味していた。こうしてケインズは、変動相場制を支持したのだった。

ところがイギリスは一九二五年、蔵相チャーチルのもと旧平価での金本位制への復帰を決定する。これに対しケインズはさっそく『チャーチル氏の経済的帰結』を著し、批判を加えた。この時点でのケインズの関心は、物価の安定にあった。インフレやデフレで貨幣の購買力が不安定になると、富の分配比率を変え、社会に甚大な害悪をもたらす。政府が紙幣を増刷して支出するとインフレで実物資源を獲得することになるが、同時に貨幣制度を崩壊させる恐れがある。

実際、金本位制は、再建直後から激震に見舞われた。とくに一九二八年にニューヨークで株式投機ブームが起きると大量の資本がアメリカに移動し、ロンドンを始めヨーロッパの金融市場は苦境に陥った。しかも翌秋、ニューヨーク株式市場が暴落する。世界を不況が襲い一九三三年にF・ルーズベルト米大統領が金輸出禁止、平価の切り下げと金本位制からの離脱を宣言する。こうして賠償や戦債はうやむやになり、中心を失った世界経済は各ブロック圏へと分裂して、次の大戦へと歩みを進めていた。投資が海外へ逃避することが国内経済を不振に陥れているとするケインズの主張の甲斐もなく、イギリスの地位は低下を続け、世界は分裂と混乱の様相を呈していくのである。

こうした状況を睨みつつ、ケインズはニューヨーク株式市場の崩壊直後の一九三〇年、『貨幣論』を出版する。この本でケインズは、金本位制に替わりうるような管理された世界通貨の構想を抱きつつ、激変する経済を分析するため、実物経済は市場によって需給調整がなされ物価は金融政策によって定まるというマーシャル型の貨幣数量説を放棄した。物価は内外の投資や貯蓄に応じて変動し、その調整は利子率が行うとみなしたのである。それはケインズがイギリス経済学の伝統から離れて、自然利子率と貨幣利子率、投資と貯蓄の乖離によって景気と物価の変動を説明するというK・ヴィクセルの『利子と物価』(一八九八)の理論に接近したということであった。ケインズが奇しくも同じヴィクセルに共鳴していたハイエクと出会うのは、そうした時期であった。

ハイエク——社会主義への傾倒から景気変動研究へ

ここで時間を第一次大戦前、場所をオーストリアのウィーンに移してみよう。ハイエク(Friedrich August Hayek)は一八九九年五月八日、当地で生まれた。ケインズの一六歳下であった。父親は医師で、後にウィーン大学で植物地理学を教えた。家系には学者・実業家が多数おり、四代前が一七八九年に下級貴族の称号を得て「フォン」を名乗るようになったが、一九一八年の革命で肩書が公式には廃止となり、自称では使わず（他人は現在も使うことがある）、またしばしば勘違いされるが家系にはたどれる限りユダヤ人はいないという。

オーストリア＝ハンガリー帝国には、ドイツ統一（一八七一）に際して除外され国家を持つことのできなかった中欧の諸民族がひしめき合っていた。マジャール人のハンガリーには自治権が与えられ、オーストリアと対等の立場で二重帝国が築かれた。帝国内では憲法により、すべての人々に民族性の保持と言語使用が保障されていた。アドリア海からロシア国境まで、現在の国名で言えばおよそ北西のチェコ、北東のモルドバ、南にボスニア＝ヘルツェゴビナ、西にスイスまでを含む、堂々たる大国である。

ウィーンはこのオーストリア＝ハンガリー帝国の首都であった。ハイエクの生まれた年には「ワルツ王」と呼ばれたJ・B・シュトラウスが死亡し、批評家K・クラウスが雑誌『炬火《きよか》』を創刊している。街角にはオペレッタのメロディが流れ、カフェには世界中の新聞や雑誌が集められ、コーヒー一杯で何時間も居座る常連たちが通い詰めていた。数え上げれば切りがないほどの芸術家たちが、才能を競い合っていた。G・マーラーは宮廷歌劇場の指揮者に任命され、G・クリムトは芸術家運動「ウィーン分離派」を結成し、A・シェーンベルクは『弦楽六重奏曲《浄められた夜》』を作曲、S・フロイトは『夢判断』(一九〇〇)を発表した。

政治的には裕福なドイツ人市民層が自由主義を志向していた。象徴的なのがオーストリー学派の始祖C・メンガーの『国民経済学原理』(一八七一)で、そこには自由主義に対する期待が結晶していた。精神史家のW・M・ジョンストンはハプスブルク帝国を「官僚の帝国」と呼んだが、この官僚機構に人材を供給したのがドイツ人およびユダヤ人の中産階級で、彼らの大半は官僚養成を目的とした教育機関であるウィーン大学の「法―国家学部」に学んだ。

ハイエクにとっても、一五歳で迎えた第一次大戦は大きな転機となった。一九一七年に陸軍砲兵連隊の将校として入隊、イタリア戦線で一年余りを送った。弾着観測のために飛行中、銃撃を受け、地面ギリギリまできりもみ降下したこともあるという。しかし全般的には敵よりも飢えと疾病、チェコ人の反乱に怯える日々で、ウィーンに戻った時にはマラリアにかかり、衰弱していた。[*7] 人口五〇〇〇万人を誇ったオーストリア＝ハンガリー帝国は解体され、領土内から各民族が六つの国民国家として独立、オーストリアは人口六五〇万、ドイツ人だけの小共和国となっていた。ドイツのみならずウィーンでも飢饉から飢餓や暴動、インフレーションが起こり、ウィーン大学が真冬に薪炭不足のため閉鎖されることもあった。インフレの弊害に対するハイエクの関心は、この体験に根ざしている。革命により新たに成立したオーストリア共和国では一九一八年から社会民主労働党が圧倒的な支持を受け、第二次大戦後は「社会党」、その後「社会民主党」と改称して、現在に至っている。

復員後まもなくハイエクはウィーン大学に入学し、経済学の講座がその中に設置されていた法─国家学部で法学の勉強を始め、F・フォン・ヴィーザーの経済学やO・シュパンの経済学・社会学、それ以外には心理学や哲学を学んだ。ハイエクは当初、穏健なフェビアン社会主義に惹かれていたというが、飢え・寒さ・貧困が最大の社会問題であった当時のウィーンでは、誰もが社会主義に親しみを抱いていたのである。ウィーン大学でハイエクは、直接にはヴィーザーの指導を受けた。ヴィーザーがフェビアン社会主義を信奉していたからだ。[*8]

「絶望的に貧しいけれど偉大な知的興奮をともなった」ウィーン大学でハイエクは、当初より最良のユダヤ人インテリグループに属した。それは二一年に「ガイストクライス（精神学団）」と呼ばれる非公式のサークルとなり、定期的に集まることとなる。後年、ハイエクが「どれほど助けになったか、いくら評価しても過大にならない」と回想する人脈を擁しており、顔ぶれとしては思想家・政治学者であるV・フェーゲリン、社会学者のA・シュッツ、哲学者のF・カウフマン、経済学者のG・ハーバラーとF・マハループ、ゲーム論創始者のO・モルゲンシュテルンらが常連で、商務省内で大学とは無関係に開催されていたL・ミーゼスの私的ゼミと重複していた。*9

そうした知的環境に浸っていたハイエクは、ウィーン学団のカウフマンを介しE・マッハの実証主義哲学に出会う。マッハは計測できないものは存在せず、知りうることは感覚に限られると前提していた。これに違和感を抱いたハイエクは、一九二〇年に独学で生理学的な心理学の論文を企画する。三二年の時を経て『感覚秩序』(一九五二)に結実する、独自の知識論、ルール論、社会進化論の原形をなすものだが、その草稿は完成せず、机にしまい込まれることとなった。心理学では学位がとれないと分かり、経済学を専門的に研究することを決心したからである。それにはメンガーの『国民経済学原理』を読み感銘を受けたこともかかわっている。ハイエクはすでに社会主義への憧れを捨てつつあった。二一年に法学博士号、二三年には政治学博士号を取得している。

だがオーストリアの経済は依然として苦境にあった。物価上昇率は二一年一〇月からの一〇ヵ月間で七〇〇〇%に達し、国際連盟は二二年からオーストリアに対し財政再建案を立てて積極的に介入した。その眼目は貨幣価値の安定と財政の均衡であった。政府の発券権を放棄させ（発券銀行の商業化）、恣意的な金融政策を不可能にし、不要な政府事業を民営化したのである。二四年春に金融恐慌が起きたものの、国連は一層の金融制度改革と行政改革を推進し、二六年になってオーストリア経済はようやく回復へ向かった。この体験は、のちのちまでもハイエクに通貨供給量拡大への制限にかんし強い確信を抱かせることになった。

この間のハイエクはというと、まず二一年にヴィーザーの推薦状を携えて第一次大戦の平和条約にもとづく賠償清算局に職を得ている。口頭試問の面接官はL・ミーゼスで、彼はそこの長官を務めており、以後八年間、職場におけるハイエクの上司となる。ミーゼスは二二年に『社会主義』を発表して、一読したハイエクは社会主義の欠陥を直観、ミーゼス理論に惹かれていった。またJ・A・シュンペーターの紹介状を手に渡米し、二三年の春から約一年間、ニューヨーク大学で個人の助手を務めた。余暇には図書館に詰めて景気変動史を研究、またハーバード経済指標へつながるアイデアとして展開されつつあったW・C・ミッチェルのマクロ予測に接した。そして帰国後の二五年に「一九二〇年の恐慌克服後におけるアメリカの通貨政策」を書き、二七年にはミーゼスが設立した景気循環研究所の初代の所長になった。とはいえ研究員はハイエク一人、他に事務員がいただけだったが。

両者が抱いた確執と親愛の情

ハイエクとケインズの初めての出会いは一九二八年のロンドンにおいてであった。ハイエクが諸機関にまたがる景気研究の会合をウィーンで組織、これに倣ったＬＳＥ（ロンドン・スクール・オブ・エコノミクス）がハイエクを招待した折のことである。ハイエク二九歳、ケインズは四五歳。両者はただちに利子にかんし論争を始め、ケインズは生来の癖で若造を圧倒し押しつぶそうとしたが、ハイエクがひるまず粘り強く反論すると、次第に敬意を示すようになったという。

ケインズは当時、多くの政府委員会のメンバーとして活躍していた。「マクミラン委員会」（一九二九―三一）、「経済諮問会議」（一九三〇）などである。ハイエクは帰国後の二九年、初の著書『貨幣理論と景気循環』を出版、メンガー、Ｅ・ベーム＝バヴェルクと続くオーストリー学派にヴィクセル理論をつなぎ合わせる独自の資本理論を打ち出して、ウィーン大学の私講師に採用された。

ハイエクは一九三一年、論文「貯蓄のパラドックス」（一九二九）に注目したＬ・ロビンズに招聘され、ＬＳＥで四回連続の講演を行った。その内容は『価格と生産』として直後に刊行されたが、ロビンズやヒックスらの聴衆が感銘を受けたといわれ、これを機縁としてLSEの客員教授、次いで経済科学・統計学のトゥック記念講座の正教授として迎えられ、一八年にわたりイギリスに滞在することとなる。

両者はケンブリッジとLSEというライバル関係にある両大学を代表し、時に激しく論争の矛《ほこ》を交えた。それだけに人格的にも確執を持つ関係だったと想像されるかもしれないが、ハイエクの回想によれば実は個人的には仲が良かったとのことで、すでに一九二三年、ハイエクは国内の価格水準の安定化と為替の安定化とは目的として両立しがたいというアイデアを得ていたが、同じ着想で執筆された『貨幣改革論』に接し、「ケインズは当時、そしてその後もかなりの長期にわたって、私の英雄の一人だったし、私は彼のこの作品を高く評価した」と述べている。ケインズが亡くなる一九四六年まで、互いに人間として最大の賞賛と親愛の情を抱き、意見が異なる時にもつねにケインズはハイエクへの敬意を失わなかった。

それが信じがたいのは、有名な書評論争のエピソードがあるからだ。ハイエクは一九三一年と翌年、『エコノミカ』誌でケインズの『貨幣論』を書評した。主に集計量を用いて経済体系を記述することにかんし論駁したのだが、これに対するケインズの反論は激越そのものであった。報復のようにハイエクの『価格と生産』に触れ、「この書物は、実際のところ、私がこれまでに読んだ最もひどく支離滅裂な書物のひとつであるように思われる……誤謬から出発して無慈悲な論理家がいかにして精神病院入りとなり終わるかを示すまれに見る一例である」とまで言い放っている。

ここまでハイエクとケインズは、それぞれの資本理論で好敵手とみなされていた。ところが一九三六年の『一般理論』の登場で、状況が一変する。ケインズの『一般理論』は貪《むさぼ》り読まれ、熱病のごとく若い経済学者を魅了していった。ところがハイエクはというと、『一般理論』の出版直後には直接に言及することもなく静観していた。『価格と生産』がスラッファやナイトに批判され、それに応える『資本の純粋理論』（一九四一）を執筆中だったこともあるが、内容的に『一般理論』を批判する『利潤、利子および投資』（一九三九）の各章を執筆したもののさほどの反響を得られず、資本理論の方向では有効な反駁の方法が見あたらなくなっていたことが大きいと思われる。渡英時の注目とはうらはらに、『資本の純粋理論』の出版時に残っていた教え子はL・ラックマンただひとりであった。

これにはハイエクの資本理論が直感的に理解させる単純さを持たず、むしろ複雑な経済現象の複雑さをそのまま映し出そうとしたことにも関係がありそうである。ハイエクには、複雑なものを単純に描くことそのものが自由な社会に対する攻撃だと思えていた。またミーゼスとともに一九三〇年代いっぱい社会主義経済の実行可能性を理論的に検討する社会主義経済計算論争に加わり、社会主義への期待ゆえに世人はハイエクを敗者であるかにみなしていたが、ハイエク自身は深い信念をもって自由主義経済を支持していた。「時と所についての特定の状況にかんする断片的な知識」を有するだけの人びとが秩序を自生させられるための装置として市場をとらえるアイデアが、すでに芽生えていた。[*10]

一方、ケインズは『一般理論』出版の翌年である一九三七年、心臓病のために一時重態に陥った。それ以降も活発な活動は続けたものの、心臓病は彼を苦しめた。そして三八年にはブルームズベリー・グループを中心に結成されていた「メムワール・クラブ」で、死後に発表されることになる「若き日の信条」(一九四九)を読み上げた。『確率論』で示されて以降はまとまった形で発表されなかった彼の哲学の展開を、断片的にであれ知ることの出来る数少ない手がかりである。そこで彼は、小説家D・H・ローレンスになじられた同性愛に触れ、慣行やモラルについての若き日の反逆的な振る舞いを率直に反省し、慣行には文明を核心において維持する働きがあり、モラルは進歩するものだと述懐してみせている。

一九三九年になるとナチスに率いられたドイツがポーランドに侵攻、第二次世界大戦が勃発していた。ケインズは翌一九四〇年、無給で「大蔵大臣諮問会議」の委員となり、いわば大臣の顧問となった。さらに翌四一年にはイングランド銀行理事、四二年には自由党の上院議員にもなって、イギリス政府の経済政策に深い影響を与えていく。一つは戦争金融によってイギリスが直面した国際収支危機への対処である。これは端的にアメリカとの借款交渉をめぐるもので、四一年の「英米相互援助協定」、四五年の「英米金融協定」に実現する。二つには戦中から戦後の国内経済を安定させるもので、一九四〇年には総需要分析と国民所得会計を用いた『戦費調達論』を著した。完全雇用下ではインフレを起こさぬことが重要だとし、いかにして消費を抑えるかを論じて、所得の「繰り延べ払い」というアイデアを示した。これは強制貯蓄の一種で、所得を戦費に回し、不況期に戻すというものである。また社会保障政策にかんする四二年の「ベヴァリッジ報告」にも、少なからず貢献した。

三つは戦後の世界経済秩序の形成を構想するもので、とりわけ通貨体制の構築に尽力した。アメリカは戦後の世界経済を安定させる意志を欠いていたが、イギリスもまた覇権再興を目論みながら力を失っていた。そのイギリスの代表として国際通貨体制にかんするケインズ案を提出し、ドル本位的なアメリカのホワイト案と渡り合うために、都合六度、渡米した。しかし劣勢は覆せず、ケインズはサヴァナでの国際通貨基金および世界銀行の創立総会からの帰途、ワシントンへの車中で激甚な発作に襲われた。しばらくの静養ののち、妻・リディアに見守られながら息を引き取った（一九四六年四月、享年六二歳）。

ケインズとハイエクは第二次大戦中にもしばしばケンブリッジで顔を合わせ、経済学の話題以外で（たとえばコペルニクスについて）、大いに関心を共有していた。もっともケインズはというと、「もちろん彼（ハイエク）は頭がどうかしているのだが、彼の出してくるアイデアはなかなか興味深いよ」と他人に語っていたし、それに気づいていたハイエクに対しても、弟子として名高いJ・ロビンソンとR・カーンについて、噴き出しながら「ただのバカだよ。一九三〇年代には私の着想はひどく重要だったさ。……しかしハイエク、任せておいてくれよ。……私は世論をこんな風に変えてやるよ」と指を鳴らすという調子だった。死の六週間前のことである。とはいえハイエクの側も、ケインズの経済理解は経済学を一年ぐらい勉強した程度で、なかでも一九世紀の経済史には全く無知だったと辛辣な評価を下しているのだが。

さて、ハイエクはというと、一九三〇年代後半からの一〇年間、ケインズの栄光の陰で不遇を託っていたわけではない。社会主義・計画経済を指弾する一般書『隷属への道』（一九四四）を出版、事態は一変していたのである。意外な反応はアメリカで起きていた。当初は三社に続けて出版を拒絶された同書だったが、雑誌『リーダーズ・ダイジェスト』が要約を紹介するや一躍ベストセラーの仲間入り、ハイエクの名は一夜にして巷間《こうかん》に知れ渡ったのである。渡米すれば講演依頼が殺到、汽車で各地を回ったが、駅に停車するたびに群衆からサインをねだられたという。四五年に始まる東欧の社会主義化を目前に、社会主義の攻勢が予感されマッカーシズムが吹き荒れることになるアメリカの、不安な世情を反映してのことであった。

ケインズは、同書には極めて好意的で、ハイエクへ私信を送っている。

私の意見ではあなたの著書はすばらしい書物です。……あなたは私がそのなかの経済的断定のすべてを承認するとは期待されないでしょう。しかし道徳的ならびに哲学的には私は事実上その全部に同意します。それは単なる同意ではなく、深い感銘を伴った同意です。[*11]

自分はハイエクが主張するような経済計画の廃棄ではなく逆に拡張を望みはするが、それとは別に適正な道徳的価値への復帰こそが必要であり、それを力強く唱えたのが同書だと高く評価したのである。同書をケインズは、道徳哲学の書として読んだのだった。[*12]

自由主義の闘い

ハイエクは社会主義経済計算論争を経て、別系列の市場論にたどりついていた。「経済学と知識」(一九三六)、「社会における知識の利用」(一九四五)、「競争の意味」(一九四六)など[*13]である。与件とされるさまざまな情報、とりわけ欲望や技術は時々刻々変化して、市場均衡に至るまでの期間不変であることはありえない。むしろ経済主体間では活発なコミュニケーションが営まれる。相互に調整されてゆく知識を論じる市場論に新境地が拓かれていた。

ハイエクは一九四七年、ヨーロッパにおける自由主義運動の再生を目指す会（「モンペルラン・ソサエティー」）を発足させ（六〇年まで）会長を務めたりしたが、知識論としての市場論という着想は社会哲学にも接合され、一九五〇年にシカゴ大学の社会思想研究所に招かれ渡米してから著した『科学による反革命』（一九五二）や社会思想にかかわる壮大な主著『自由の条件』（一九六〇）[*14]に結実した。何が商品であり資本財であるのか、いつどこで利用されるべきなのかは、市場だけが定めうる。対照的に知識を客観的データとみなすところから、社会主義やマクロ経済学といった傲慢な思想が生まれた。市場経済とは、それぞれの主体が知覚してさえいないルールや法に従い、利潤を挙げた成功者を模倣することで生み出される「自生的秩序」である。ここからハイエクは、「自由」を論じつつ民間銀行や政府のみならず広く我々の認識をも拘束するルールや法がどのようなものであるのかを探るという、壮大なテーマに向き合っていく。

ところがこの頃から、あからさまには社会主義的でなくとも、自由主義と敵対するものが存在するという暗い予感がハイエクを襲うようになる。民主主義の変型としての「交渉民主主義」である。そこでハイエクは、みずからの自由論を「法の支配」の概念で補強しつつ、より積極的に自由主義を確立するため国家がもつべき制度をデザインすることを試み、フライブルクに戻り、また一九六九年にザルツブルク大学客員教授となって、『法と立法と自由』（一九七三—七九）を書き継いだ。ノーベル経済学賞を受賞したのは一九七四年である。

オーストリアからイギリスを経てアメリカへ渡り、晩年は故国で過ごすことになったハイエクだが、後半生の自由論はオーストリアやイギリスで過ごした体験をもとに書いたものであり「一人のアメリカ人として書く」ことはできなかったと述懐している。自由を謳う国・アメリカの文明よりも、ヨーロッパやイギリスのそれの方が、彼の想定する「法の下の自由」には近かったのである。

一九七〇年代、二度にわたり世界経済をオイル・ショックが襲い、失業とともにインフレが起きるというケインジアンのマクロモデルが想定しない事態が出来した。それとともに不況対策としての財政・金融政策がインフレをもたらし最終的には不況を呼び込むというハイエクの資本理論が、スタグフレーションを予言したとして再び注目された。ハイエク自身はたゆまず研究と執筆を続けていたが、公的にも「復活」をなしとげたのだった。

『貨幣の非国有化案』（一九七六）は、貨幣の管理を民間銀行に任せ、その競争によって貨幣価値の安定を図ろうとする、競争的複数通貨制度、を唱えるという、過激な構想であった。M・フリードマンのような新自由主義者であっても国家による貨幣の管理には疑問すら示さなかったが、自由主義者としてのハイエクの面目躍如といったところだろう。

晩年のハイエクは、人間の行動を規制する「抽象的なルール」が進化するという「ルールの進化論」のアイデアを展開した。その萌芽は『感覚秩序』においても見られたが、これを進化論の原理を援用して説明し、さらにはこの議論によって法体系や経済システムなど、社会制度が成長していくプロセスを解明しようと試みた。『致命的な思いあがり』（一九八八）は、一九九二年三月に享年九二歳にて亡くなる前に出版された最後の作品となった。

第二部　不況はなぜ起きるか
——二つの反主流派経済学

第二章　出発点としての「経済学」——『貨幣改革論』から『価格と生産』まで

知的気質の相違が生んだ対立

ケインズとハイエク、とくに後者は社会思想の全般にわたる幅広い考察を行ったが、それでも彼らの思考の源泉は、あくまで市場理論にあった。それはたんなる出発点というに止まらず、社会思想を論じているときも意識されていた。ここでは、一九二〇年代から三一年までの両者の主著を概観しよう。具体的にはケインズの『貨幣改革論』（一九二三）と『貨幣論』（一九三〇）、ハイエクの『貨幣理論と景気循環』（一九二八年原論文。独語版出版は一九二九年）と『価格と生産』（一九三一）である。彼らはそこで展開した経済理論をもとに、一九三一年の論争に突入した。

ところでこれらの書物を出版するにつけても、二人の叙述のスタイルというか思考上の癖は、相当に異なっている。同じ論点から出発しながら対照的な結論が導かれるのには、推論方法や事実認識の差というよりは、それ以前のスタイルないし癖の違いに由来するところが大きい。これについて双方が興味深いことを述べているので、触れておこう。

ケインズはアルフレッド・マーシャル伝を書いているが、そのなかでマーシャルの評価しうる点としてこんなことを述べている。

マーシャルは……非常に早くから、経済理論の骨格は、それだけでは大した価値がなく、有益で実際的な結論と言う点ではあまり役に立たないものだという見地に到達した。肝要な事柄は、現在の経済生活の解釈にそれを適用することに尽きるのである。そのためには、商工業の実際の事実について深い知識が必要である。ところがこうした事実やこれに対する個々人の関係は、絶えずまた急速に変化している。[*1]

経済理論はあくまで現実経済を解釈するためにのみ必要なのであり、急速に移り変わる現実を知る努力もせず理論を磨くことに専念してもしようがない、そう考えたのがマーシャルであり、その点で評価できるとケインズは述べているのである。そしてケインズが生きた大戦間期、まさに現実が劇的なまでに時々刻々と変化していたのであるから、それを追いつつ解釈を素早く下すには、理論は緻密な整合性を犠牲にしても仕方ない。そう読むなら、この文章はケインズが自身の著述姿勢を述べたものと見ることもできる。
ケインズは時代時代の情勢を判断し、とりわけ『確率論』出版後は「ケインズ・サーカス」と呼ばれる若手学者、カーンやロビンソンら自分を取り巻く人々の意見を即座に吸収しまとめ上げて、矢継ぎ早に著作をものしていった。政府関係の委員を歴任した時期にも、仕事から離れ週末ごとにキングズ・カレッジに帰り、カーンらがその一週間に進めた研究を喋らせて理解したという。ケインズは理論を二転三転させたかに見えるが、それは理論構築よりも現実解釈を優先したからに他ならず、現実を説明しうる理論を求めて周囲の意見をすばやく貼り合わせたのである。ケインズ全集の編集者の一人であるD・モグリッジも、ケインズが大著『貨幣論』から激務の合間を縫って六年で『一般理論』を書き上げたのは、一九二九年以降の世界的な大不況、『貨幣論』への反響、そしてケンブリッジ内部の討論の三つを総合した結果だったと言っている。[*2]
一方ハイエクは、知的な営為には二つの根本的に異質なタイプがある、と述べている。[*3]一つは、「学科の達人」。専門とする学科についての完璧な達人で、専門分野にかかわるすべての理論と事実をいつでも自由に活用する能力を有しており、重要な問いには即座に答える用意がある。一般には、学者らしい学者、学者の目指すべき規準とされる人である。

もう一つが、そうした達人の能力が「欠けて」おり、精通すべきことをしばしば「覚えていない」タイプの、「混乱した人 puzzler」。前者ならばただちに再現できるような論証を覚えていないせいで一から再構築しなければならず、聴いたり読んだりしたことをそのまま再現できず、自分の思考をそこに重ね合わせ自分流に変更してみて初めて理解する。「学科の達人」には欠点があり、早く理解はできても「彼らの置かれた状況で支配的な見解やその時代の知の流行にとりわけ影響を受け」てしまう。そしてハイエクは、対照的に自分は「混乱した人」だと明かす。言葉をともなわない思考のプロセスこそ明晰であるものの、いざ言葉にしようとすると時間がかかり、いったん表現した後にも「選んだ表現が本当にいいたいことを伝えきれていないのではとひしひしと感じている」。一般に認められたアイデアをそのまま表現できず、みずからの言葉と複合させて言い表そうと悪戦苦闘するしかない。ところがその過程でひょっこり「従来の公式が隠していた欠陥や正当化されていない暗黙の前提を発見してしまう」のだ、と。

こうしたハイエクの自画像によるならば、彼は理論について言葉をともなわない思考のプロセスにおいては明晰に理解できていても、まだまだ本当に言いたいことを伝え切れていないと感じている。ハイエクは一九三〇年代に渡英しイギリス経済学の用語で自説を言いかえ説得を試みたものの、しかし論争相手のほとんど誰も納得させることは出来なかった。それは前提となる経済観・社会観がまったく地平を異にするものだったためだが、ハイエクの気遣いがかえって混乱を招いたともいえる。とくにケインズは、市場経済を単純な変数で描くべきではないとするハイエクの指摘を、理屈では理解しながらも、知識人にとっての義務の放棄とさえ感じたのではないか。

ハイエクのこの自己評価は、彼が著作に込めた意図を解釈するに当たって、ことのほか重要と思われる。ある時点である事柄を論じるとき、後になって初めて彼が理解するようになる細部については、当たり前のことではあるが明確に語られていない。たとえば資本理論との絡みで「均衡」と言っても、それはマーシャル＝ワルラス的な均衡とともに、後に唱えるようになる「自生的秩序」や「カタラクシー」、「平衡」と言う意味でも使っており、ハイエク自身がそのことに明確には気づいていない。また「時と所についての断片的な知識」だけを持つ経済主体という知識論以降の表現も、じつは資本理論で想定される企業家にもあてはまっている。

ハイエクはこのように「伝えきれていない」という感覚を抱きながら議論を展開したため、いくつかの時点で主張が大きく転換したかのような印象を与えた。S・フリートウッドは初期の資本理論、一九四〇年代半ばからの知識経済論、そして一九六〇年代からの自生的秩序論と三つの大きな転換があったとみなしている[*4]。けれどもハイエク自身が「伝えきれていない」感覚を持っていたと証言するのだし、後期の大半の議論の元になっている『感覚秩序』（一九五二）の草稿は一九二〇年頃にいったん書き上げていたのだから、のちに主張されたことは以前にも暗黙のうちには含意されていたとみなすべきだろう。自由論で語られる法や文化の進化論にしても、資本理論とは矛盾しないのである。逆に言えば、まったく別の体系として書かれた自生的秩序やルールの進化論という議論にせよ、その内部では初期の資本理論が息づいている。「転換論」は、ハイエク解釈学者にとっては重要かもしれないが、ハイエク自身には無用なものであろう。

ケインズ『貨幣改革論』（一九二三）[*5]

第一次大戦後、金本位制から離脱していたヨーロッパの各主要国はインフレーションに見舞われていた。その程度が国によって異なったため、通貨の交換比率は戦前の水準からかけ離れたものになった。そこで金本位制に戻るべきか、戻るならばどのような金との交換比率（平価）にすべきかが議論されたのだが、旧覇権国であるイギリスは威信をかけて旧平価での金本位制復帰を目指した。ケインズはそうした政府の方針を批判し、通貨の改革を唱えた。

失業、労働者の心もとない生活、期待の幻滅、貯蓄の突然の喪失、個人・投機家・悪徳利得者たちの行きすぎた儲けなど――これらすべては、おおむね、価値基準の不安定から生ずるのである。……この危険という要素は、価値基準の不安定性によって著しく大きなものとなっている。もしも、わが国および世界全体が健全な原理に基づく通貨改革を採択していたならば、今われわれの財産を著しく毀損している無駄な危険を削減したことであろう。

『貨幣改革論』序文に掲げられたこの文章には、ケインズが二〇年代に追究した課題が要約されている。貯蓄は家計が行い、生産は危険を冒して企業が受け持つ。しかし投機家や金利生活者が暴利を貪っている。こうした市場の不安定性や不公正は、通貨が不安定であることに由来する。ではそれは、どうしたら回避できるのか。

ケインズは同書で、それを考察するための三つに論点を扱っている。

第一は、貨幣価値が社会に対してどのような影響を持つかである。貨幣価値の変動は、階級間で富を実質的に移転する効果を持つ。それを分析するため、ケインズはまず、階級として投資家階級・企業家階級・労働者階級という三つに注目する。ケインズにはそれぞれの時代を制度の特徴によってとらえようとする視点があるが、二〇世紀に入って「所有と経営の分離」が進んでからというもの、投資家は経営者＝企業家とは別の存在として、大きな影響力を有する集団となっていた。しかし金融投資を行い金利生活を送る彼らは貨幣によって収入を得るため、インフレーションによって損失を被りがちだと言う。

対照的に負債を抱える企業家は、金利が名目的に固定されているためインフレによって実質的に負債が減額する。利益を得るために財やサービスを購入し商品を売却しているが、それら価格や利益はインフレに比例して上がり、インフレでは総じて得をする。逆の理由からデフレーションは、投資家には得、企業家には損失を与える。

労働者は、どちらとも言えない。賃上げは物価上昇を見てから後に遅れて要求されるため、インフレは実質賃金を引き下げ労働者は損をする。しかしデフレ期には失業が蔓延するため痛手をこうむる。双方を勘案しなければならない。

以上から、どの階級にとっても貨幣価値の安定はマイナスにはならない。インフレとデフレは誰かの損や得になるが、そもそもそうした利害を考えずに経済活動に集中するのがもっとも生産的である。そのためには、貨幣価値の安定が求められる。というのがここでのケインズの結論であった。

第二に、貨幣価値の安定を政策目標とするとして、どんな手段があるのか。ケインズは人々が紙幣を保有する理由として「週給に見合うもの」「手形の支払い」「旅行とか一日の買物の支払い」といった例を挙げ、それらが十分に満たされてなお超過する額は物財の購入や投資、預金に回すだろうと言う。つまりここで彼はマーシャル以来のケンブリッジの伝統にのっとり、貨幣保有の理由として取引動機だけを見ている。そこで現金通貨にかんする需給から貨幣数量説の式が提示される。

$$n = pk$$

ここでpは消費単位の価格（物価水準）、kは公衆が現金での保有を望んでいる消費単位量（習慣により一定）、pkは現金通貨の需要額、nは現金通貨の供給量である。以上は国民が購買をすべて現金で支払う場合だが、現代の銀行制度のもとでは、国民は購買力を銀行に預金している。そこで国民が現金でk単位保有し、残りのk´単位は預金の形で保有するとしよう。rはk´のうち銀行が現金で保有しなければならない割合（現金準備率）とすると、国民経済の全体で現金通貨の需給額は「基本方程式」

$$n = p(k + rk')$$

で表される。[*6]

この式からすれば、物価水準は政府にとって管理可能である。中央銀行は、現金供給量nと現金準備率rを変更することによりpを操作できる。kやk'は国民の習慣によって決まる定数ではあるが、これも中央銀行が金利を上下動させることで間接的には誘導できる。以上から、国内の物価水準pは中央銀行によって安定化させることができる。

第三は、外国の物価の変動が国内へ与える影響である。ケインズは外国為替の理論として、カッセルの購買力平価説を用いる。ケインズの叙述を数式化すると、

$$p = \lambda p^*$$

となるだろう。pは自国通貨で表した国内物価水準、p^*は外国通貨で表した外国の物価水準、そしてλは外国通貨の価値で測った自国通貨の価値、すなわち外国為替レートである。この説が意味するのは、両国通貨の交換比率はそれぞれの通貨の購買力の比であり、物財の貿易によって決まって、金融取引の影響は無視しうるということである。

これら三つの考察から、ケインズは通貨改革について結論を引き出す。ポイントは、国内での貨幣数量説（基本方程式）と外国為替にかんする購買力平価説は両立しないことに

ある。λが所与であれば（固定相場であれば）p*は外国で決まるのでpも所与になり管理できなくなって、二式は両立しないのだ。それゆえλを基本方程式が決めるpの現行水準に近づける平価切り下げか、pをλp*に合わせて下げるデフレーションの、一方しか選ぶことができない。ケインズは『インドの通貨と金融』で、すでに国内物価と貿易収支がともに金の流出入によって調整されるというヒュームの金本位制支持説（正金配分の自動調節理論）について、通貨の大半が銀行預金になっており、しかも金ではなく資本が移動（国際的な貸付）しているため機能していないと評していた。同書ではそれに加え、国内物価の安定と為替レートの維持は同時には追求できないことを論証したのである。

ここでケインズは、いずれを選ぶかとなれば平価を切り下げるべきだ、と言う。為替レートλは外国の物価という操作できないものにも依存するから、一定の値を維持しようとすれば国内物価がそれにつられて不安定化してしまう。為替の安定は外国との貿易や投資を扱う業者には重要かもしれないが、物価の安定は全国民の利益になる。為替の変動がもたらす危険は先物為替市場を利用することで回避してもらうとして、国内物価の安定を優先すべきである。平価（λ）を戦前の水準に戻すことはイギリスの威信にかかわるかもしれないが、デフレが国内の各階級に与える負担を思えば平価を切り下げるべきなのだ、と。

そのうえ金本位制は、金の産出高が経済成長と歩調を合わせて増産され、各国政府が金準備に努めるという条件のもとでは機能していたが、戦後においては新たな金の産出分の多くがアメリカの準備に吸収されていた。我慢して平価切り下げを受け入れたとしても、金本位制が機能するとは限らなかったのである。

以上から、金本位に縛られず金準備を銀行券発行から切り離し、銀行の信用量と金利を調節して国内物価の安定を優先することがケインズの提言となった。

ハイエク『貨幣理論と景気循環』(一九二八)[*7]

こうしたケインズの物価安定論を念頭に置いたかのように、一般的物価水準を安定させればすべての貨幣的攪乱要因は排除されるという信念を執拗に批判したのがハイエク初の単著、『貨幣理論と景気循環』だった。

ハイエクは序文でこう述べている。

現在デフレーション過程が続いており、このデフレが永久に続けばはかりしれない害をもたらすであろうことは、もちろん疑いえない。しかしこのことは、デフレーションが今日の困難の第一の原因であるから、より多くの貨幣を流通させることによって、経済システムに現在作用を及ぼしているデフレ傾向を緩和すればこの困難は克服できるということを、当然のことながら意味するのでは決してない。

これは当時の物価安定を第一に優先する政策への批判だが、ケインズの『貨幣改革論』への批判でもあって、原論文を提出した年に二人は初対面したのだから、すぐさま論争が始まったのは当然であった。もっとも同書でハイエクはベーム゠バヴェルクからヴィクセル、ミーゼスと受け継がれたオーストリー学派の資本理論を発展させたのであり、一方二人が出会った二八年にはすでにケインズも三〇年に出版する『貨幣論』の執筆の途上で、こちらもヴィクセルを大胆に取り入れ『貨幣改革論』の貨幣数量説的な経済観から大きく方向転換を図りつつあった。両者は理論的にはもっとも共有するものが多い時期にあったのだが、それにもかかわらず金融政策に対する評価はほぼ正反対を向いていたのである。

ハイエクは同書の「目的」について、論破しえぬほど完璧な景気理論は構築できるものではなく、せいぜいが自説に向けられた批判に反論することにすぎないと謙虚に記している。しかし目指すところは明確だった。実物的゠非貨幣的な景気理論は整合的ではありえず、「貨幣的景気理論」こそが真の説明の資格を持ち得ているということ。現行の銀行制度のもとでは自然利子率と貨幣利子率の乖離は不可避であるから、ヴィクセルやミーゼスが言うように景気変動は不可避の運命にあることを示すこと、これであった。

まずハイエクは、実物的な交換経済においていくら需給が均衡していても、貨幣が投入されれば実物経済にも攪乱＝景気変動が起きるのであるから、「一般的貨幣価値」の安定を図るような金融緩和ではダメだと言う。これはケンブリッジで受け入れられていた実物経済にかんする均衡論と貨幣数量説の二本立てには無理があるということでもある。

ハイエクは非貨幣的（実物的）景気理論のいくつかの類型を取り上げ、批判するところから出発する。実物的に均衡しているとき、与件に変化のない静態では変動は起きようがないから、均衡の攪乱は外部における与件（主な「経済データ」としてのニーズや能力）の変化によって生じているはずである。[*8] そこで登場する実物的景気理論のひとつが「不比例理論」で、それは消費財需要がブームで増大したときに生産開始から消費財の完成までに時間がかかり、価格メカニズムが生産量を適当に調整できず、過大に供給してしまうという説であった。しかしハイエクによれば、なぜ均衡を回復させる力が一時的に機能を果たさなくなるのか不明であるし、市場において生産は総需要の規模の予測によってではなく価格によって導かれるから、生産にたとえ長期間を要したからといって、生産要素価格すなわち賃金や金利が上昇すれば生産設備の過度の拡張は起きようがない。

ふたつめは不比例が貯蓄と投資によって起きるとする議論の系論で、使用されなかった貯蓄がしばらくの間蓄め込まれ、のちに突然投資されるために生産設備が拡張されると主張するものである。しかしハイエクはこれについても、投資と貯蓄に乖離があれば利子が調整するはずだが、なぜそうならないのかと反論する。投資と貯蓄を均衡させるのが、ヴィクセルの言う「自然利子率」である。

要するに実物だけで説明するならば、外生的な与件である消費ニーズや技術が変化しても価格や利子率といった内生変数が不均衡を調整してしまうため、その調整が遅れるという理屈でしか景気変動は説明できないのである。けれども「遅れ」だけでは恐慌のような市場メカニズムの決定的な破綻を写し取ったことにはならないというのだ。これに対しハイエクは、投資と貯蓄が乖離し生産設備が過大に拡張されるのは、投資と貯蓄を均衡させるような自然利子率を下回る貨幣利子率で「信用」が銀行から企業に供与されるからだと説明する。こうして景気循環が起動する。資本財の過剰生産と不況による再調整という攪乱が生じるのは、もとをただせば企業家の手持ちの貨幣量が増加したせいであり、その量が市場の秩序に見合っていないからである。

ここでハイエクは、企業家が労働や土地を得て生産を行う必要条件は各企業家が手許で保有する一定量の貨幣であり、十分条件として価格や利子率がマージンの存在を予期させていることだと見ている。手持ち貨幣量が増えれば過剰に生産しようとするし、価格や利子率が経済全体の均衡を適正に示さないならば誤投資や誤生産が生じ、それはいつか恐慌によって清算されるしかない。

こうしてハイエクは実物経済で需給の自動的調整が攪乱されるのは貨幣が信用として市場に注入されるからだと考え、「貨幣的景気循環論」を提起した。これがハイエクのヴィクセル理解であったが、ヴィクセルは一方で、貨幣利子率と自然利子率が乖離するとき一般物価水準が上昇するとも言っている。ケインズの『貨幣論』が注目し引き継ごうとする点だが、しかしこれだと物価が安定しさえすれば均衡からの乖離は起きなくなる。

貨幣数量説のように貨幣の総量と一般物価水準および生産の総量のあいだに直接的な因果関係があるとする立場は、「『定量的』経済学の典型」と呼ぶべきである。それは集計量や平均量に因果関係が存在するとみなすのだが、そこには暗黙の前提がある。貨幣が「すべての価格に対して同等に、ないしはとにかく公平に、同時に、そして同一方向に影響を及ぼす傾向性」を有するという仮定である。この前提により、貨幣量が経済に与える影響はおもに一般物価水準の変化を通じたものとなり、個別の価格の変化はたんに「摩擦」や「攪乱要素」にすぎないことになる。しかし暗黙の前提を払うなら、特定の部分に信用が注入されればそこで取引が生じ、価格は相対的に変化する。

ミーゼスは、中央銀行がインフレを求める国民の圧力に負けて人為的に貨幣利子率を自然利子率以下に引き下げるなら、貨幣の購買力（物価水準）に変化がなくとも個別の財の相対価格が変化するため、生産要素の移動が起きて景気は変動すると述べている。経済主体の個人的な活動と相対価格に着目したのがミーゼスの資本理論の特徴であり長所でもあるとハイエクは評価し、中央銀行による信用拡大に景気循環の原因を求めるミーゼス説を「外生的景気理論」と呼ぶ。

だが現行の信用制度の下では、一国内の通貨量は、金の流出入と中央銀行券流通高以外にも、商業銀行による預金の「創造」によって変化している。銀行もまた収益見通しの改善やら貯蓄率の低下やらに応じ、一個の経済主体として預金通貨を創出する。ひとつの銀行が信用拡大を始めると他行も現金流入を受けて自力で信用拡大し、この過程が続く限り、金利は上がらない。そして預金による信用創造を起点として均衡に攪乱が生じてしまう。ここでハイエクは、民間銀行の信用拡大に対して早目の抑制、おそらくは準備率の引き上げ等の対策を推奨する。その点で、国際金本位制のルールがアメリカの不胎化政策等で守られていないからこそ管理通貨制度へ向かうべきだとしたケインズとはすでに対照的であった。

この「内生的景気理論」をひっさげ、ハイエクは経済学者としてデビューした。それは、彼の社会思想の礎石となるものでもあった。[*9]

ケインズ『貨幣論』（一九三〇）[*10]

『貨幣論』は七年をかけて書かれた大作だが、実は執筆動機のうち国際通貨にかんする部分は、『貨幣改革論』以来、変わっていない。ケインズは「外国語版への序文」で、こう述べている。

私はいま、近い将来にありうべきこととして、世界の国々が次の二つの集団に分かれることを心に描いているのであるが、その一つは暫くの間は厳格な金本位制に固執しようとするものであり、他は金と一定ではあるが、しかしながら硬直的ではない関係を維持しながら、ある形の価格の安定化を企図しようとするものである。

二つの集団のうち後者の「通貨同盟」には、メンバーにイギリス・日本・南アメリカ・中央ヨーロッパとスカンディナヴィアが想定され、それらは主要な国際貿易商品からなる一つの合成商品で計った基準値の、上下五％以内に通貨価値が安定させられるような固定相場制に従うことが提案される。

つまり国際金本位制のルールが想定していなかった債権国と債務国の間における金の偏

在という事態に対処するため、「他の国と均衡を保っていなかった国民的通貨単位の場合には、幾らかの調整を加え」、「新しい単位と金との間には、常に確定的ではあるがしかしながら不変的ではない」ような固定相場制の国際金融システムを提言することが、同書の最終的な目的なのである。

順を追って説明しよう。ケインズはまず、基本概念を与えている。

貨幣所得（E）：「社会全体の貨幣所得」および「生産要素の収入」。これは生産要素を雇用して産出される財・サービスの「生産費」でもある。

財としては投資財と消費財が生産されるが、このうち投資財の生産から得られた所得すなわち生産費をI′、消費財の生産からの所得をE－I′とする。

利潤（Q）：企業者にとっての「意外の利潤」であり、企業者の実際の報酬－正常報酬。

貯蓄（S）：貨幣所得Eから消費支出を除いた残額だが、利潤Qは貨幣所得に含まれないため貯蓄にも含まれない。

投資（I）：新投資財の産出額。Oを総産出量、Rを消費財の産出量、Cを投資財の産出量、Pを消費財の物価水準、P′を投資財の物価水準、Πを全体としての産出物の物価水準とすると[*11]

$$P = \frac{E}{O} + \frac{I' - S}{R}$$

これが「第一基本方程式」と呼ばれる。

$$\Pi = \frac{P \cdot R + P' \cdot C}{O} = \frac{(E - S) + I}{O} = \frac{E}{O} + \frac{I - S}{O}$$

これが「第二基本方程式」である。

同書のエッセンスはこの二本の式に凝縮されている。これが貨幣数量説と異なるのは、物価水準が貨幣量によらず投資と貯蓄の差によって決まるとされていることである。つまり全体としての産出物の物価水準は、産出物一単位あたりの貨幣所得の推移（E/O：所得インフレーションとケインズは呼ぶ）と、それを中心に変動する産出物一単位当たりの投資貯蓄差額（利潤インフレーション）によって説明されるのである。

これらの式から導かれる政策的な含意は、I、S、I′を均等にすることが物価水準を安定化させる条件になるということだ。そしてこの条件を満たす利子率がヴィクセルの言う

「自然利子率」だから、ケインズは中央銀行の任務として市場利子率の水準を自然利子率に近づけることを挙げた。

二つの部門からの考察

『貨幣改革論』の「基本方程式」（「実質残高」数量方程式）$n = p(k + rk')$は、『貨幣論』の「第一基本方程式」「第二基本方程式」だけに置き換えられたのではない。その理由をケインズはこう述べている。『貨幣改革論』では貨幣の購買力ないし物価水準を追求すべき目的としたので、pを消費単位の価格とした。しかしこれは、「現金預金がもっぱら経常消費に対する支出のためにのみ使用されることを暗示している」。

ところがpは、銀行残高すなわち貨幣保有高に対する需要（現金残高標準）をも測定するものである。そこで貨幣の購買力を表現するために、二つの基本方程式を導出するのと同時に、現金預金、銀行残高そして経常消費の関係をも見直さなければならない。『貨幣改革論』では一本の式で貨幣量と経常消費が結びつけられていたが、『貨幣論』においては実物部門とは別に金融部門が独立に考察されることとなったのである。このように二部門を想定したことで、『貨幣論』は現実をより緻密にモデル化することとなった。しかしそれは同時に物価水準の操作をより複雑な経路において考察することでもあった。

第一の問題は、実物と金融がどのような筋道でリンクするかである。ケインズは同書で、家計が行う二つの意思決定を厳密に区別している。ひとつは「ひとがその貨幣所得のどれだけの割合を貯蓄するかを決定しようとするとき、彼は現在の消費と富の所有との選択を行っている」こと。消費と貯蓄の選択である。もうひとつは、「『保蔵』と『投資』との選択、あるいはこれに代わるものとして『銀行預金』と『証券』との選択[*12]」。これは資産選択である。

ケインズは、貯蓄量や新投資量は経常的な活動（つまりフロー）だが、銀行預金か証券かの選択は、「現存の資本の全体」（つまりストック）にかかわっていると述べる。つまりフローとストックの区別を明確に意識した上で、「経常的な増加分は、現存の富の総体のうちのきわめて僅かな割合にすぎない」とみなす。とすれば、新投資財はフローの概念であるにもかかわらず、その物価水準P′は（過去から蓄積された投資財の）ストックとしての資本財価格水準によって実質的に決定されることになる。すなわち新投資財の物価水準P′は、公衆による銀行預金と証券との資産選択の結果として決まってくると言うのである。

こうして、フローとしての実物部門とストックとしての金融部門は、新投資財価格を介してリンクすることになる。また実物資本の価値（資本財価格）は、貸付資本（証券）の

価値をも反映するだろう。ここで、原著にはない表記だが証券価格をP_S、資本財価格をP_kとすると、

$$P' = P_S = P_k$$

となる。

ただし資本財の（需要）価格P_kは、「固定資本からの正味の予想収益の、貨幣額で測った見積額……と、この将来の収益を資本還元する利子率[*13]」から成っている。つまり予想収益を市場利子率で割り引いて現在価値に換算したものである。ここから、市場利子率と証券価格P_S、新投資財価格P'は、一方が大きくなれば他方が小さくなる関係にあることになる。

第二の問題は、貨幣の購買力と金融政策との関わりである。『貨幣論』では貨幣の主要部分は銀行預金とされるが、それは（1）所得預金M_1、（2）営業預金M_2、（3）貯蓄預金M_3に分けられている。（1）と（2）は合わせて現金預金と呼ばれ、収入と支出の時間的な隔たりのつなぎや不意の必要のための予備として保有するものとされる。

資産選択には（2）の一部と（3）とが当てられ、これを合わせて「金融的流通」と呼

ぶ。これは銀行利子率と債券利率の複合である市場利子率にかかわっている。とくにそのうち（3）貯蓄預金M_3は、証券を売却して貨幣を保有しようとする（「弱気」の資産配分）か、貨幣を売却して証券を保有しようとする（「強気」の資産配分）かに左右されて、証券価格が上がれば増加するという関係にある。かくして証券価格P_Sは貯蓄預金M_3と「弱気」の度合いによって定まることになる。

さらに（2）の残りと（1）は合わせて「産業的流通」で、主に「社会全体の貨幣所得」ないし「生産費」でもあるEによって変動する。

ここで所得預金M_1、営業預金M_2の流通速度をV_1、V_2とし、弱気を関数として$B(P_S)$とすると、資産市場の均衡は貨幣の需給で表して

$$M = M_1 + M_2 + M_3 = \left(\frac{1}{V_1} + \frac{1}{V_2}\right)E + B(P_S)$$

となる。結局、これが金融部門を表す式で、実物部門の「基本方程式」との二本立てによって、『貨幣論』のモデルを構成する。この式において金利政策とは、利子率操作によってP_S（P_kないしP'）を動かしEに影響を与えることである。それは基本方程式の第一項$\frac{E}{O}$を操作することだが、さらに金利政策は第二項のI、I'とSの差にも影響を及ぼすこ

とができる。

ゆるやかな固定相場制を採用する国際通貨同盟

だが話は、これでも終わらない。『貨幣論』は、開放経済を想定しているからだ。しかも『貨幣改革論』のように購買力平価説ではなく、金本位制の下での国際収支を考察する。ここでもフローとストックの区別を意識するのである。

Gを金の輸出額、Bを対外経常差額（経常収支における受け取りX－支払いM）、Lを対外純貸し出しとすると、L＝B＋Gになる。直感的に分かりやすく書き直せば、

$$G = L - B$$

すなわち国際収支においては、対外純貸し出しと対外経常差額（純輸出）との差が、金の輸出額で決済されている。ここでは、購買力平価説のように為替レートが内外の物価水準差のみに反応して変動すると考えるのではなく、金本位制にはより短期的な財の輸出入や国際的な貸借がかかわっていることが明示されている。そしてその結果、Gは国内でのMの増減に直結することになる。

Bは輸出入にかかわるから、購買力平価説が説くようにやはり長期的に内外の価格に反応するとすれば、短期的にはLが利子率に敏感に反応している。中央銀行が国内金利を外国金利よりも高めに誘導すれば対外純貸し出しLは減少し、Gも減る。逆に国内金利を外国のそれよりも低めに誘導すれば、Lは増えてGも増える。

閉鎖経済であれば金利政策は物価安定を目標に、国内の投資と貯蓄を均衡させたり所得を適正なものとする水準に設定すればよい。しかし開放経済においては、金利の操作は金の流出入に直接につながり、通貨量を変化させてしまう。しかも金本位制を維持するためには、金平価（為替レート）を固定しなければならない。金平価は国際収支においてはG＝0でないときに変化を促す圧力を受けるから、金平価を維持するためにはG＝0にすることが望ましいが、それだと国内金利を外国の金利に合わせなければならなくなり、金利政策に縛りがかかって国内物価や雇用の維持に用いることができなくなる。

このように考えたケインズは、国際金本位制を復活させることは国内経済にとって有害であり、とりわけ第一次大戦前のポンド中心の金本位制へ戻ることは不可能でもあると判断した。そして国内で金融政策を用いて物価を安定させることと矛盾しない国際通貨制度を求め、先に述べたように、合成商品を価値尺度とする人工通貨と自国通貨が改訂を前提とする固定された比率でリンクされるような国際金融システムの構築を提言したのである。

ケインズは国際金本位制の維持が困難であることを論証するという主題は引き継ぎながらも、説明の論理については『貨幣改革論』から『貨幣論』へと大胆な変更を試みている。この理論上の転換によってケインズは、「貨幣的組織の一つの均衡状態から他の均衡状態への推移を支配している動学法則を発見」したと表現している。『貨幣論』の「第一基本方程式」「第二基本方程式」で、企業は利潤がプラスであるときに雇用を増やし、消費財や投資財を増産するとされている。これはマーシャル的な期間の概念で言えば、超短期においてはそれぞれの生産量において利潤がゼロではなく、短期においては超短期の利潤に応じて生産量が増減し、利潤が消滅する生産量で均衡するということだろう。これが「動学」である。しかもそれにはストックとしての資産の選択や、金本位制のもとでの資本移動がかかわり、結果的にインフレ・デフレを呼ぶ。その調整を中央銀行が試みる。

ここでケインズは、貨幣量の変化が生産や消費の変化をも引き起こすとしている。これはハイエクとともにヴィクセルから引き継いだ見方なのだが、集計量を扱ったことで厳しい批判を受けることになる。しかし金融資産、それもストックとしてのそれに注目した点では、ハイエクの見逃した投機の領域に歩を進めようとしていたといえよう。

ハイエク『価格と生産』(一九三一)[*14]

奇しくもハイエクもまた『貨幣理論と景気循環』において、景気循環とは均衡が貨幣的原因によって攪乱され次の均衡へ向かう過程だと述べていた。そしてLSEでの講義をまとめ刊行した『価格と生産』は、出版に二年の間隔があるとはいえ内容的には前著を引き継いでおり、今回は景気循環において生産構造が変化する過程を例示により考察している。

ところが『貨幣論』と『価格と生産』を比べれば、同じ問題に答えようとしながら両者がまったく別の発想を持っていたことが見て取れる。ハイエクは、一般物価水準が安定していてもなお生起しうる景気変動に注目している。ここで経済にとっての変動とは、生産時間の変更を指している。オーストリー学派の資本理論の枠組みを作ったベーム゠バヴェルクによれば、資本制において生産主体たる企業家の機能とは生産方法を選択することであり、生産期間を逐次変更することであった。

ハイエクの発想は、オーストリー学派の伝統の上に立っている。まずそれを確認しておこう。ベーム゠バヴェルクの出発点は、なによりK・マルクスの『資本論』を批判することにあった。マルクスの労働価値説によれば、生産に六年かかる商品Aと一年しかかからない商品Bとは、投下される労働量が同じであれば、1:1で交換される。労働投入量の比が商品の交換比でもあるからだ。しかしそうであれば、生産に時間をかけ中間生産物を迂回的に作ることには特段の意味がなくなる。けれども長い生産期間をかけて消費財を作るのが現実の経済ではないか。こうベーム＝バヴェルクは考え、迂回生産の理論を展開した。

迂回生産という発想は、メンガーに遡ることができる。メンガーは、パンのように人間の消費欲望を満足させるのに直接に役立つ財を第一次財と呼ぶ。材料に当たる小麦粉や塩、燃料は第二次財、さらに小麦粉を作る道具や機械は第三次財である。つまり生産財は、「高次財」である。メンガーにとって、というかオーストリー学派にとって、固定資本は高次財なのだ。高次財は、それじたいは消費されないという意味では価値を有さないが、第一次財を生み出すことによって間接的に欲望を満たし、価値を与えられる。消費財を土地や労働等の本源的生産手段から直接に作ることができないならば、消費財を生産するのには高次財が不可欠である。

マルクスが迂回生産の意義を無視したのは、消費財を生産するのに用いられる本源的な生産手段のうち、消費財に価値を付与するものは労働だけとみなしたからだ。ちなみにフィジオクラート（重農主義者）ならば、それに土地も加える。これに対しメンガーは、消費財を土地・労働に結びつけるには媒介が必要であり、それが迂回生産であるとして資本の意義を見出した。資本は本源的ではないものの、生産要素だと言うのである。[*15]

ハイエクの『価格と生産』はこうしたベーム＝バヴェルクの生産期間の理論に資本財と消費財の相対価格を重ね、企業家がいかに資本を再配分し生産期間を変更するのかを明らかにする狙いを持って書かれた。ベーム＝バヴェルクにおいては企業の市場行動と生産期間の選択との関係がいまひとつ明確ではなかったからで、ここから、一般物価水準が安定していても相対価格が変わりさえすれば企業行動は変更されるというハイエク独自の資本理論が導かれる。

直角三角形を用いた迂回生産の図解

ハイエクは『価格と生産』で、有名な直角三角形の説明を用いている。LSEの講義では、黒板は三角形で埋め尽くされたという。資本は本源的生産手段ではないが、限定をつけず生産要素というときには含まれる。生産要素には、賃金・地代および利子というかたちで所得を生み出すすべての要素が含まれる。生産財とは消費財ではない財であり、機械として使われる財、すべての種類の未完成財、そして本源的生産手段が含まれる。本源的生産手段でも消費財でもなく、その中間に位置する生産財を「中間生産物」と呼ぶ。

その時点での必要を満たすためではなく多少とも遠い将来に消費財を供給するために本

図1　迂回生産における本源的生産手段と時間

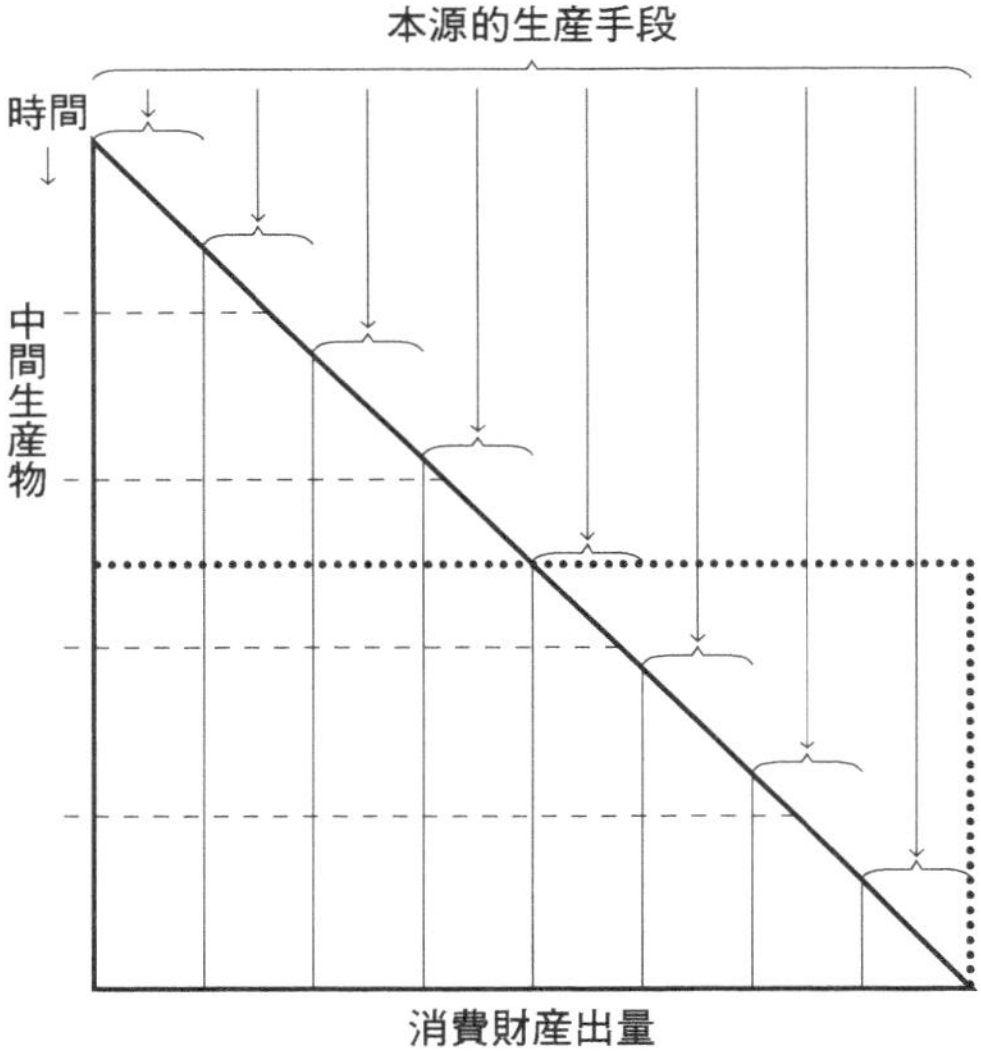

源的生産手段の大部分を使用するということが、「資本的」生産システムの本質的特徴だとハイエクは言う。このように生産を編成する理由は、生産過程を長くすることによって所与の量の本源的生産手段からより多くの消費財を獲得することにある。

図1において三角形の縦軸は時間の流れを示し、時を経るごとに各段階で中間生産物に労働と土地資本という生産要素が一定比率で付け加えられると仮定する（比率が変わるより現実的な場合には、この三角形図式は使えない）。上の段階は高次財であり、横軸である底辺が第一次財、すなわち消費財の産出量である。これは価値（額）で表示されるものとする。生産過程とは前段階で中間

生産物が生産されて、それを購入し本源的生産手段を付け加えて次の段階へと引き継ぎ、最終的に消費財が産出されるまでの流れのことである。ある時点で底辺に相当する消費財が生産されるとき、背後では直角三角形の面積に相当する中間生産物が総量として生産されている。この量の消費財が維持され、連続的に生産されるには、中間生産物もこれだけ生産されていなければならない。そのとき経済は、時間の流れに沿って生産が行われつつも安定している定常状態にあるとされる。中間生産物の量と消費財産出量の比は迂回生産過程の長さに当たり、本源的生産手段が一定の率で投入される場合、「平均生産期間」は本源的生産手段の最初の一単位が投入されてから生産過程が終了するまでの経過時間の半分である。図1では、中間生産物の総量は点線で囲まれた長方形の面積であり、その高さが平均的生産期間になる。

現在の経済学では稀なことに中間生産物（原材料）が明示的に考察の対象とされているが、それは中間生産物の取引にも貨幣が用いられ、しかも貨幣数量説が想定するようには企業家の間で一律の速度で流通しないと考える「貨幣的」景気循環論だからである。企業家は手持ちの貨幣を用いて中間生産物を仕入れ、対価を支払った労働と土地の働きによってより低次の中間生産物を作り出す。これを販売し元の貨幣以上で売れると利潤が生じる。企業家はどの段階で生産するかを、消費財・資本財・中間生産物の相対価格、および

図２　消費財産出量が40であるときの定常的均衡

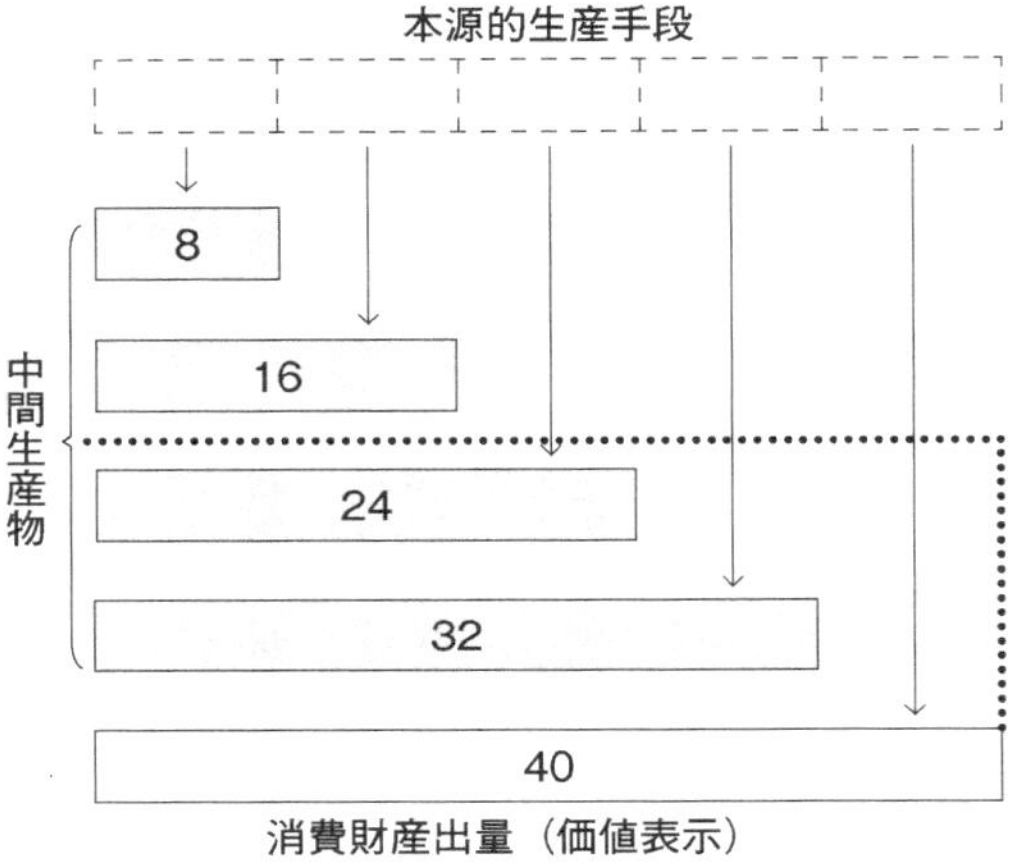

貨幣利子率をシグナルとして意思決定する。

生産には手持ちの貨幣が必須であり、不足すれば銀行から借りねばならず、生産を終えるまでの借りた期間に相当する利子を支払わねばならない。流通する貨幣量が増えれば企業家の活動も増えるから、生産過程が以前よりも伸びる。景気循環とは生産過程が伸縮することである。好況とは生産期間が延長される時期であり、不況とは短縮される時期である。また貨幣は注入されたとしても、瞬時かつ均等に生産過程の全体に配分されることはなく、注入された場所から取引に応じ順を追って拡散していく。

完全雇用で遊休資源がなく、価格が伸縮的な状態を考えよう。流通している貨幣量は一定とする。たとえば消費財産出額が40、消費財需要：中間生産物需要（貯蓄と同額）が1：2としよう。中間生産物の生産額が80で点線の長方形の面積に等しく、生産段階が4（それぞれが産業に相当し、4は平均生産期間80÷40＝2の倍）であるとすれば、各段階における中間生産物の産出額は32、24、16、8で、総額は80である（図2）。各段階で企業家は32、24……の資金によって前段階で生産された中間生産物を購入しており、それに労働・土地という本源的生産手段を投下し、付加価値分だけ賃金・地代を支払う。所得は付加価値の総額であり、これで第一次財を購入するから貨幣価値は40である。このとき経済は循環し均衡する「定常的均衡」の状態にある。以上からこの例で支払いに必要とされる貨幣は40＋32＋24＋16＋8＝120で、段階を追って中間生産物が上から下へと手渡されていくのとは逆に下から上へと流れてゆく。企業家は消費財や生産財にかんするさまざまな価格だけからどこに利潤が生じそうかを読み取りながらいずれかの段階で前段階の中間生産物を購入しつつ迂回生産を行っている。

迂回生産が長期化するのは中間生産物への需要が増大することによってである。

「自発的貯蓄」と「強制貯蓄」

そこでハイエクは、二つのケースを考察する。

図3 「自発的貯蓄」の場合の迂回生産の延長

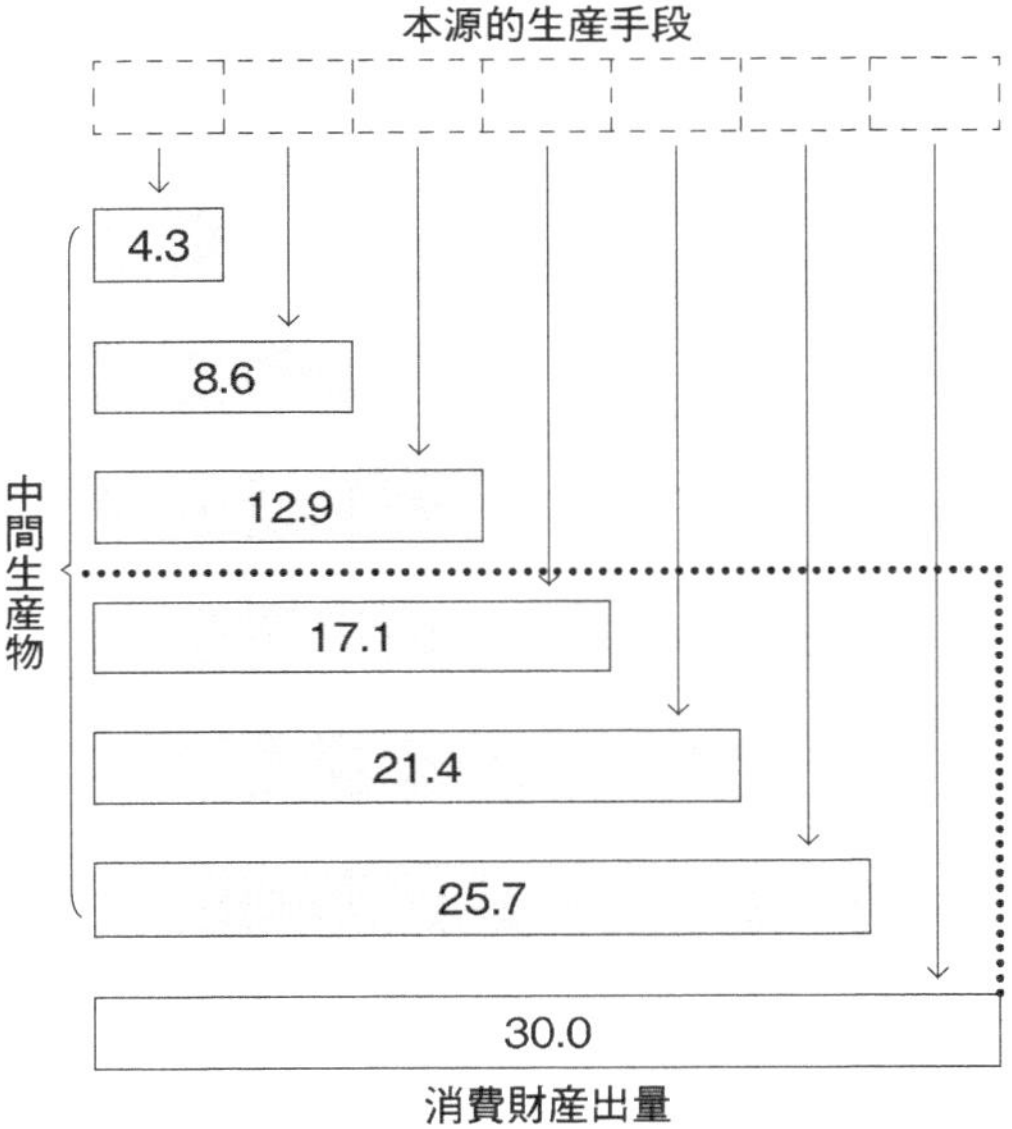

（1）家計が消費を減らし貯蓄が増額され、流通する貨幣量が不変の場合（「自発的貯蓄」、図3）。

出発点で40の消費をしていた家計の時間選好に変化が生じ、所得のうち10の貨幣を貯蓄し、それを中間生産物の生産に投資したとする。消費財の需要は30、中間生産物需要は90となり、その比は30：90で1：3である。即時的には消費財需要が減っているから消費財価格が生産財価格に対して低下する。

この生産財価格の対消費財での高騰を見て、企業家は生産財の生産にシフトする。ちょうど貯蓄が増額されておりそれが銀行を介し企業の中間生産物の生産や資本財の購入に融資されるから、自然利子率と市場利子率は一致している。
迂回生産過程の長さすなわち生産段階は90÷30×2＝6、平均生産期間は6÷2＝3で、それぞれの生産段階で25.7、21.4、17.1、12.9、8.6、4.3だけの貨幣を用いている。

図4　信用拡張が引き起こす迂回生産の延長

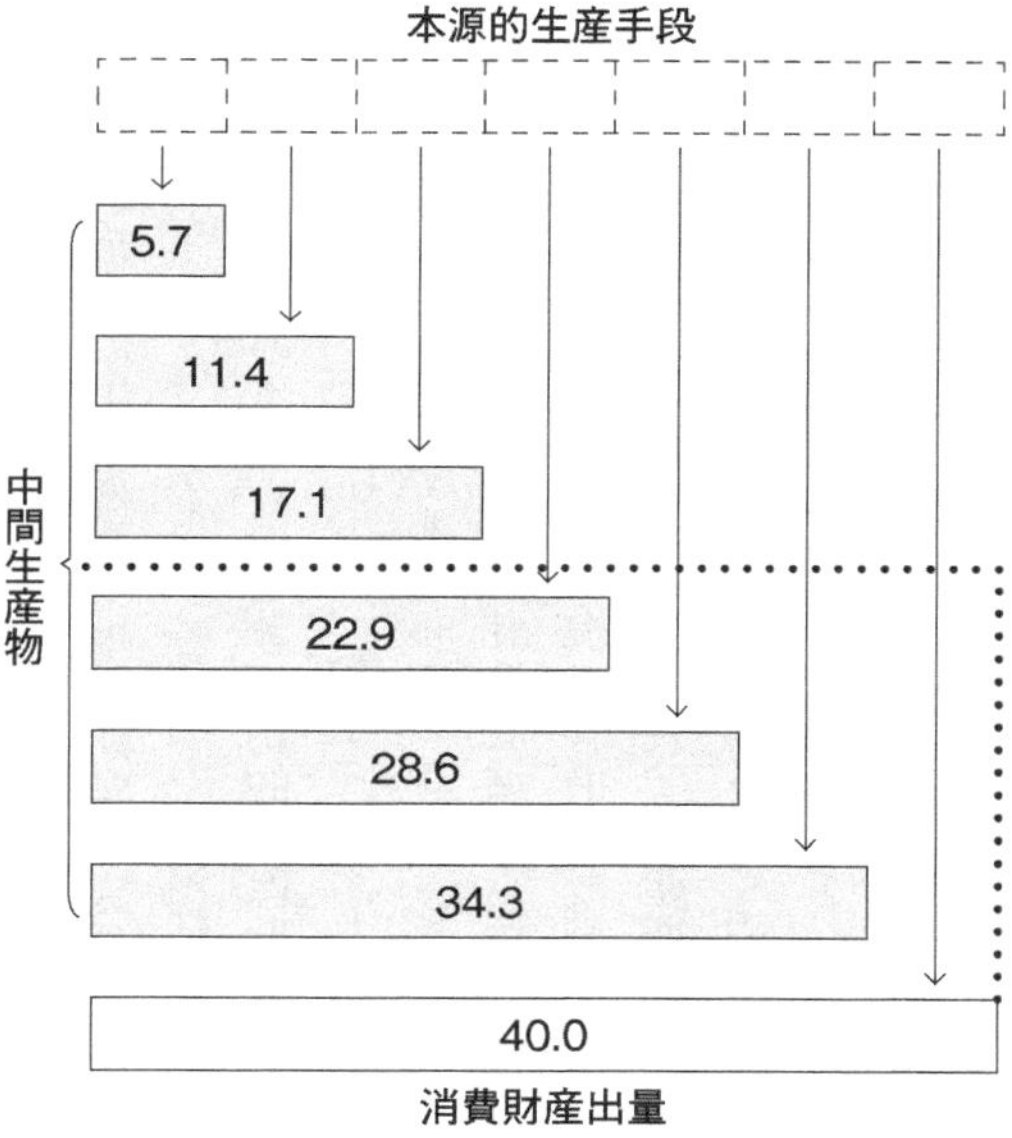

（2）生産者に信用が供与され、流通する貨幣量が増加する場合（「強制貯蓄」、図4）。

次に、図2のケースに銀行が追加的に信用を供給したらどうなるかを考えよう。企業家の資金需要を信用供給が上回るなら市場での利回りすなわち市場利子率は投資を貯蓄と一致させる理論値である自然利子率を下回り、企業家は40の信用を得るとしよう。企業家が生産財を購入しようとすると生産財価格は消費財価格に比べて騰貴し、中間生産物が余分に生産されて生産期間が延長される。しかし中間生産物の産出額は80＋40＝120になっているから、三角形の面積は拡大している。家計は時間選好を変えず消費額は40のままである。このとき平均的生産期間は120÷40＝3で中間生産物は6段階で生産され、34.3、28.6、22.9、17.1、11.4、5.7がそれぞれの段階で支払われる貨幣となる。家計の時間選好は消費財と貯蓄額で変わらないから、家計から消費財需要と貯蓄へと提供される貨幣の比は元のままで、1：2、家計は流通する総貨幣量の160をこの比に配分しようとするから、消費財が中間生産物より重視され消費財価格が上昇する。総貨幣量160が消費財生産額53.3と中間生産物産出額106.7とに配分され、生産期間は106.7÷53.3×2＝4段階に戻り、160の貨幣は53.3、42.6、32.0、21.3、10.6と配分される。この寄り戻しが恐慌である。恐慌を避けるためには信用を追加供給し続けるしかないが、それはインフレを人為的に起こすことになってしまう。しかも追加的信用供給を止めれば、家計が時間選好を変えない以上、迂回生産に短縮化の圧力がかかっていずれ必ず恐慌に立ち至るのである。

ハイエクは、企業家が生産すべき財を決める指針になり、結果的に生産過程の長さを変えるのが相対価格だと考えた。消費財もしくは資本財のいずれかの価格が騰貴するとき「価格マージン」[*16]が生じ、企業家は貨幣をその財の生産に投入するだけでなく、別の生産段階で用いられた資本財も引き抜く。ただし生産段階の間でそのように資本財が転用されるといっても、転用には容易さの差がある。「特殊」財は、一つないし少数の生産段階でのみ使用可能な財で、特殊な機械類や工場設備がこれに当たる。これに対し「非特殊」財は一般的に適用が可能な財で、ハンマー、ナイフ、やっとこなどが該当する。

ここで（1）のように消費者がより多く貯蓄し投資するよう時間選好を変えられたときには、生産財需要全般とともに資本財需要は増加し、消費財需要は減少する。その即時的な効果は、資本財価格の相対的上昇と消費財価格の相対的低下である。それを見た企業家は消費財生産から生産財生産へとシフトしていく。けれどもハイエクは、ここで生産財の諸価格は均等には変化しないだろうと述べる。ある段階の中間生産物への需要はより低次の段階から派生するからだ。消費財に最後の仕上げをする直前の生産段階においては、消費財価格の低下が他の段階におけるよりも強く感知され、その効果が資本財需要増のそれを上回ると、この最後の二つの段階で価格マージンの差は狭いものとなる。生産段階の初期の方が価格マージンが大きくなるので、貯蓄から資金を得た資本家は消費財により近い段階よりも高次の段階に引きつけられる。こうして高次では相対価格上昇、低次では下落となり、非特殊財は早期に高次の段階へと引き寄せられていく。

諸価格の変化が同時かつ均等に生じず資本財の転用しやすさにも差があるというのは、

生産期間の延長に時間がかかり、速度も一定ではないということを示唆している。ハイエクは先述のように貨幣が生産過程に持続的に流入もしくは流出している状態を、物理学的な「均衡」ではなく「流体平衡 fluid equilibrium」と呼んでいる。ハチミツを容器に注ぐとき、持続すれば小山ができる。時間の経過に沿って連続的に生産が行われ、貨幣も流れるが、生産額は一定の定常状態である。そして注ぐことをやめた後でもハチミツが完全に平たい面になるまでには幾ばくかの時間を要する。資本財の転用に難度の差があるために、同じく貨幣を媒介させても転用の過程には時間がかかるのである。

追加的な貨幣が注入される場合でも、(2)とは異なり企業家ではなく(2a)消費者への信用のかたちをとるとどうなるのかにもハイエクは関心を向けている。家計はそのうち一部を貯蓄するが消費財への需要も増やすため当初は消費財価格が相対的に上昇する。低次財に価格マージンが発生し、より低次段階へと非特殊財がシフトする。しかし全体として資本財が低次財産業の方に移転すると、高次財産業には移転しがたい特殊な機械や工場ばかりが残り、それを稼働する人材や材料も不足してしまう。耐久的生産手段が遊休してしまうのである。ハイエクは、こうした「未使用資源の存在」が、銀行信用の拡張によってもたらされた点に注意を喚起する。というのも銀行信用の拡張すなわち金融緩和は耐久的生産手段が遊休しているときの不況対策としてしばしば主張されるのだが、消費者信用についてはこのように、逆に耐久的生産手段を遊休させてしまう効果を与えるからである。しかも家計の時間選好は変わらないから、やがて消費財需要は減り生産財価格が消費財価格に比して上昇するため逆転が起き、資本財が需要されて生産過程は延長される。これも（2）と同様に定常状態が崩れて恐慌に至るのである。

この二つのケースをわざわざ設定することでハイエクが意図しているのは、貨幣が「どこに注入されるか」によっても攪乱には違いが生じると言いたいがためである。（2）としては企業家を保護するための補助金や事業税控除、（2a）としては減税や生活扶助金、定額給付金のたぐいも同様の効果を与えるだろう。（2）（2a）の資金増加は、ヴィクセルの言う貨幣利子率を自然利子率よりも低下させる信用の拡大であり、経済が不安定化するのである。（1）は自然利子率を変化させる自発的貯蓄の変化であり、新たな自然利子率への調整プロセスが生じるにすぎない。

以上から一般物価水準を不変に保ったとしても、信用拡張もしくは貨幣注入は消費財と生産財の相対価格に影響を与える。金融政策に景気循環を起こさないものがあるとすれば、相対価格を変化させない、もしくは市場利子率を自然利子率に合致させたまま維持する「中立貨幣」政策だということになる。けれども中央銀行が「わずかのインフレーション」を人為的に起こして不況と戦うといった「善意ではあるが危険な提案」を行うなら、それは中立的ではなく拒否しなければならない。これがハイエクの結論になる。[*17]

われわれは、古くからの真理を確認するだけの結果に到達する。その真理とは、拡張をうまく抑制することによっておそらく恐慌を防止することができるであろうが、ひとたび恐慌が到来すると、それが自然な終焉を迎える前にそこから脱出するためにわれわれがなしうることは何もない、というものである。[*18]

ハイエクが書かなかった仮定

以上はハイエクが直接に書いていることだが、彼自身が自明とみなしたのか気づいていなかったのか、書かれていない仮定もある。ケインズが真意をはかりかねたのもそのせいだが、気に掛かる事項を挙げてみよう。

ひとつは、企業家は自分だけが知っている技術や機会と相対価格だけに基づいて、予測を立て行動しているということである。逆に言えば、彼らはそれ以外には何も知らない。全員が知っているのは相対価格と市場利子率だけであり、他人にとっての機会や技術は知らない（のちに、ルールや法を知っているということが追加される）。消費財を作る業者は自分が作る消費財に消費者がどのような反応を示すかを知っているが、中間生産物や資本財を作る業者は納入先の消費財業者もしくは中間生産物業者の反応と、自分がなしうる技術や自分の仕入れ先のことしか知らない。のちの知識論では、「時と所にかんする断片的な知識」と表現されるようになるが、三角形図でいえば企業家が時間の流れの中のいつ、どこの生産段階を選ぶかということだから、すでにここでも知識論は暗黙のうちに含意されている。これは各人が個人として活動しているという個人主義を前提しているということで、ミーゼスやさらに遡ればM・ヴェーバーを受け継ぐ想定である。ハイエクは統計数値によって経済を描写することよりも、当事者個人の心情を「理解」することにリアリティーを感じているのであろう。

社会現象の分析において、個人によって主体的に思念された意味から出発するというヴェーバーの「理解」の立場、観察により社会全体を貫く法則を「帰納」する立場、そして論理と反証から推論を重ねるという「演繹」の立場という三つがあるとすれば、ハイエクはこの時点では「理解」の立場にあり、ケインズは「帰納」の立場にあると言えるだろう。ハイエクのケインズへの違和感は、「理解」と「帰納」の齟齬と見ることもできる。

ふたつには、取引は貨幣が媒介しないでは成立しない、とみなすことがある。家計が消費財を一定の貨幣で購入し、残りを貯蓄すると、企業家には消費財業者が得た貨幣が段階を追い、より高次の中間生産物業者へと滴り落ちる。それに貯蓄が銀行を経由して融資された資金が加わり、各企業家の予算になる。そして企業家は、相対価格で示された価格マージンと自分の直面している技術や情報を前提に、どの段階の中間財もしくは消費財を製造するべきかを検討し、本源的生産手段たる労働に貨幣賃金、土地に地代を、前段階の中間財に価格を払って、資本財や労働を移動させるのである。いちいちの取引を貨幣が媒介するため、その量が取引を制約し、資源配分が誘導される。それゆえ貨幣が追加的に注入されるならば、資源配分が変化し景気変動が生じる。「貨幣的」な景気循環とは、そのことを指すのである。

こうしてケインズとハイエクは、『貨幣論』と『価格と生産』を前提に激しい論争に突入することとなる。

第三章　ケインズとハイエクの衝突──書評論争をめぐって

ハイエクの『貨幣論』書評[*1]

一九四六年のケインズの死後、半世紀近く長生きしたハイエクはしばしばケインズ主義を批判したが、ケインズの生前に両者が公式の場で互いを評する機会は一度しかなかった。一九三一年に『エコノミカ』誌に掲載された、互いの著書に対する書評である。まず、ハイエクが八月号にケインズの『貨幣論』に対し書評を執筆、これに対しケインズが一一月号で反論したのである。

ハイエクは書評の冒頭、まず「第1編の貨幣の定義と分類は素晴らしい」と述べる。しかし褒めるのはそこまでで、他のすべての章が依存する第3編・第4編は独創的であるが強みも弱点も集中していると続け、本題である基本方程式の批判に話題を移している。

本書評は10章（I〜X）からなっているが、様々な論点が次のような順で検討される。まず、利潤の定義が曖昧であること。次いで「投資過程」の考察。資本理論を欠いているためにその説明がうまくいっていないことの指摘。貨幣の循環を追うと基本方程式はどのような構図になっているのか。「生産要素の貨幣額での能力収入率」なる概念の含意が不明であること。貨幣循環の図において自生的な変化が生じる三つの理由。この循環に貨幣が新たに投じられることなく、貯蓄と投資の乖離が起きる可能性はないこと、等々。

こうしたハイエクのケインズ評について、「難解」とみなす向きがある。なるほどこれらの論点がこうした順序で語られることにどのような意図があるのか、本文を読むだけでは理解しにくいかもしれない。だがハイエクの『貨幣理論と景気循環』および『価格と生産』とケインズの『貨幣論』の概要を知っているならば、ハイエクが書こうとしていることの方向性はむしろ明快である。両者はそれらの執筆を終えたばかりであり、およそそれらの理論を前提に語っているからだ。とりわけ両者はともにヴィクセルの資本理論をもとにして動的な景気循環の理論を組み立てようと試みた。それにもかかわらず、結論が正反対のものになっているのだ。なぜ同じ問題を語り出発点とする理論も同じであるのに、結論が逆を向いているのだろうか。

『貨幣論』への三つの問い

本書評の構成は、大きく分けて三つの問いをめぐっている。

(a)貨幣の流れに沿い、それぞれの経済主体はどのような判断を下し、財・サービスはいかに循環しているのか。

(b)その循環は、何をきっかけとして破綻をきたすのか。

(c)循環の破綻とは、何を指すのか。

(c)は、本書評では明示的には取り上げられていない。しかし何に対処することをもって経済政策の目標とするかは、彼らにとって最重要の問いである。ケインズは『貨幣論』で、物価の安定が経済政策の第一の課題だとしている。「〔第一次大〕戦後の時期の経験は、われわれの多くに、実際的な政策についての考えられうる最良の目標として物価水準の安定を支持させるようになった」[*2]。物価水準とは、第一基本方程式では消費財の物価水準(P)のことである。その上昇は「所得インフレーション」および「利潤インフレーション」(投資と貯蓄の差額)から成る。ケインズによればデフレにおいては貯蓄が投資されず(利潤デフレS>I′)、生産要素が過小に雇用され(所得デフレ)て産出高が失われる。逆にインフレにおいては生産要素の総収入が彼らの生産した財の価値よりも下がってしまい勤労の成果たる所有権を強制的に企業に移転することになるが、富は生じている（利潤インフレ$I'>S$）、と言う。つまりケインズにおいては、『貨幣論』においてもデフレもインフレもともに悪であり、物価水準の制御が経済政策の目標になる。

一方、ハイエクにおいては、一般物価水準にかかわるインフレやデフレよりも、相対価格のゆがみがもたらす誤った迂回生産の方が問題である。消費と貯蓄、迂回生産のあり方を人々の時間選好にかかわらせるのは相対価格だが、貨幣が追加されることにより一部の相対価格が裏づけなく変化し、生産要素が移動して迂回生産が長期化してしまう。そして時間選好の裏づけのある状態へと相対価格が戻るとき、生産要素はもういちど逆に移動する。これが「恐慌」である。ハイエクが一般物価水準にかんする変動を重視しないのは、かりにそれが安定しているとしても、なお恐慌が起きる可能性があるからである。

以上を踏まえて、(a)を見てみよう。ハイエクの書評には、ケインズの基本方程式を循環図として再構成したものが掲げられている（VI）[*3]。この循環図には、ハイエクが経済を商品と貨幣の不可逆の交換によって捉えていることが示されている。商品→貨幣→商品→貨幣……という流れはマルクスを思わせるが、ハイエクは、ケインズも同様の循環を想定しているはずだと言う。

ケインズは「利潤が正（または負）であるならば、企業者は——彼らの活動の自由が、生産要素との間での当分は取り消すことのできない既存の契約によって束縛されているのでないかぎり——現在の生産費のもとで彼らの操業の規模を拡張（または縮小）しようとするであろう」と述べる。ハイエクは「これにより、利潤が現存する経済システムにおける変化の主たる動力であることを生き生きと描いている」、「ケインズの利潤の定義には、完全に賛成」と評価する。企業家が価格マージンの有無に応じてどこで生産活動を行うかにつき判断すると考える彼としては、当然の反応といえる。

この定義においてケインズは利潤を「純粋に貨幣的な現象」とみなしている、とハイエクは言う。しかしそうだとすれば、「利潤発生の動機は、単純かつ唯一、貨幣フローの量や方向における自生的な変化」である。そしてそうであれば、基本方程式は本来、循環図で描かれるべきものである。経済を動態において見るとは商品と貨幣の流れをたどることだが、基本方程式を均衡式として理解すると、循環の流れがどちらを向いているのか隠れてしまう。こうしてハイエクはケインズの基本方程式を商品と貨幣の不可逆の流れとして書き取り、そこに潜む問題をえぐり出そうとする。

図５　ハイエクが整理した『貨幣論』の貨幣循環

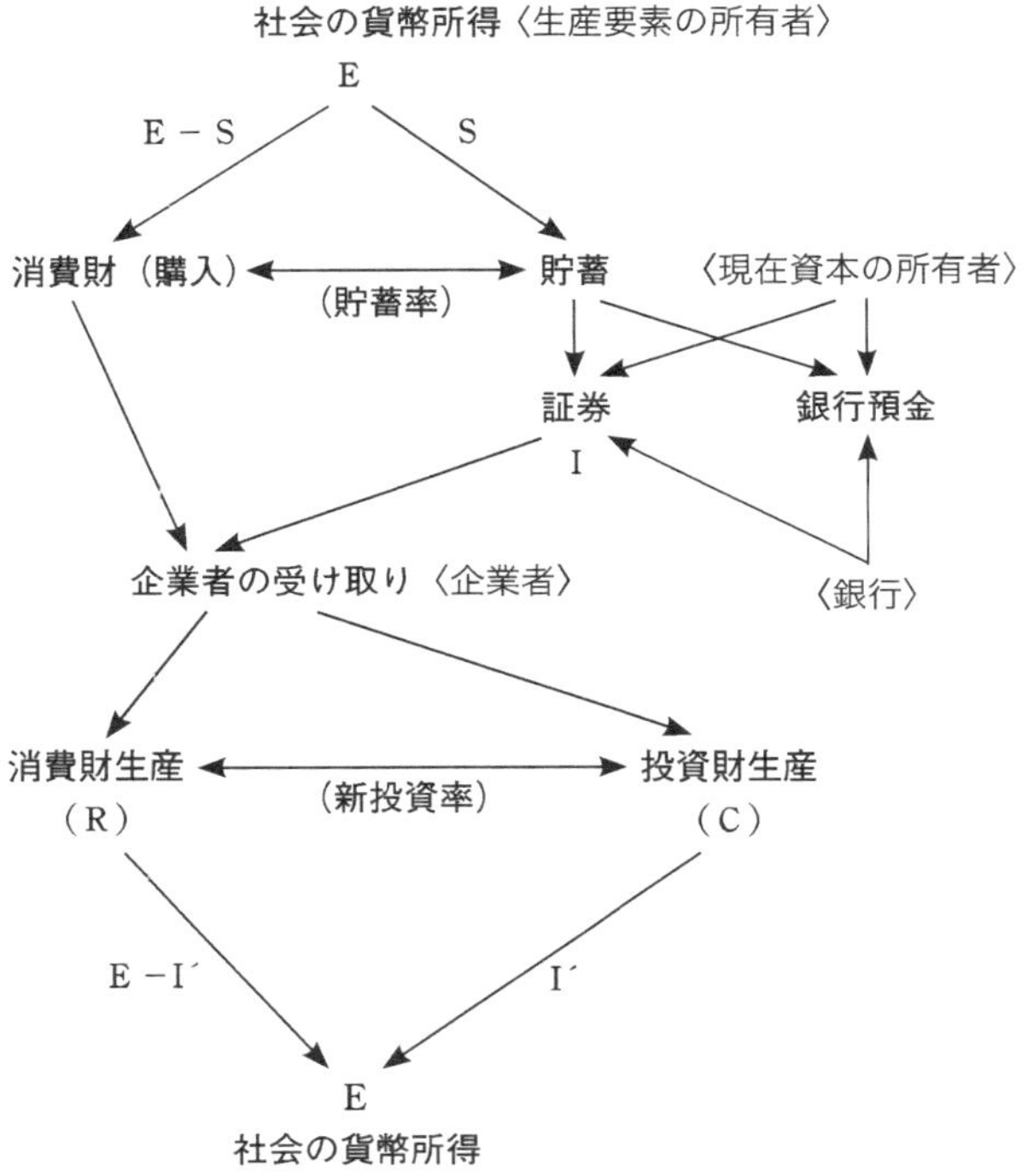

『貨幣論』における貨幣の循環

図５について説明しよう。上部にあるEは生産要素にとっての全収入であり、〈生産要素の所有者〉が保有している。これをケインズは「社会の貨幣所得」と呼ぶ。〈生産要素の所有者〉は、次の段階でこれを消費財の購入E－Sか、もしくは貯蓄Sかに当てる。この選

択は、「貯蓄率」に応じてなされる。〈生産要素の所有者〉は、さらに貯蓄で「証券」を買うか「銀行預金」とするかの選択を行う。これはフロー次元の選択である。ここにストックとしての〈現在資本の所有者〉が登場し、「証券」か「銀行預金」かの選択を同様に行う。

次に登場するのが〈銀行〉である。銀行は預金を受け入れているが、その一部で「証券」を購入している。この「証券」は「投資（I）」の別名である。かくして、〈企業者〉は二方向から貨幣を受け取る。「消費財」の販売と、「証券」の売却とによってである。〈企業者〉は、こうして受け取った貨幣をもって新たに一部で「投資財生産（C）[*4]」を、残りで「消費財生産（R）[*5]」を行う。この比率が「新投資率」である。〈企業者〉にとっての貨幣の受け取りと支払いの差額が利潤になる。

投資財の生産から支払われた所得（生産費）がI′、消費財の生産から支払われた所得がE－I′であれば、図の下部においても社会の貨幣所得はEとなり、上と下が同額になって循環が完成される。この図において重要なのは、上から下へと貨幣の持ち手が移り、貨幣が流れていくということである。その流れは、時間の進行を反映している。

この循環に登場する経済主体は、生産要素の提供者すなわち〈生産要素の所有者〉、以前から資本を保有していた〈現在資本の所有者〉、そして〈銀行〉、〈企業者〉である。彼らが貨幣と生産要素、銀行預金、証券、消費財そして投資財を逐次交換することにより、経済を循環させている。

利潤は集計されない

だがもしケインズが基本方程式で言いたいことがこの図の通りなら、疑問があるとハイエクは言う。第一に、この図には利潤や投資財、消費財が集計量として出てきているが、ハイエクの見方では先に述べた「利潤」は個別企業が得ようとしたものであり、そのために企業は生産規模を拡大したり縮小したりという判断を行っている。それならば「(ケインズが述べるようには)『総利潤』が現在の受け取りと現在の支払いの差額の効果として生じる必然性は決してない」(Ⅲ)。

ある企業がある事業にかんし利潤を得ようとするとき、貨幣資本をある時点で投下し、後の時点で回収する。貨幣が生産要素や原材料と交換され、財が生産され販売されると利潤が回収される。けれども利潤は現在の同一時点に発生している受け取りと支払いの差額ではない。現時点で貨幣を支払う事業Aと同時点で貨幣を回収する別の事業Bとで貨幣の出入りの差額を集計したところで、個々の企業は特定の事業から利潤を得られたかどうか判断することができない。図で言えば、上部のEから循環が始まり下部のEへと縦(垂直）に貨幣が流れている。その縦の時間の流れの上の時点と下の時点の間で時間差をもって利潤は生じているのである。ある時点の利潤を総計しても、それは横（水平）に並列する異質な事業間の集計にすぎず、利潤を測定したことにはならない。ある時点における利潤総額の正負により、個別企業は事業を拡大したり縮小したりしているのではない。ケインズが集計量を操作することに対するハイエクの批判は、ここでは時間の流れを無視して一時点で利潤を集計したため、個々の企業者が貨幣資本の投下と回収によって利潤を得ていることが理解できなくなるという点に向けられている。

投資概念の曖昧さ

次にハイエクがこだわりを見せるのが、ケインズが投資に与えた定義の曖昧さである。ケインズは、投資とは「富の純増」だと述べている。つまり、「現存する資本価値」の増分である。ところが別の箇所では、「投資の価値」という言葉も用いている。これは、「資本の増分の価値」ということだから、投資とは資本という物理的なものの増加を指していることになる。ケインズは投資を、価値の増加とも物理的なものの増加とも述べているのである（V）。

オーストリー学派の資本理論において資本は（マルクスが考えた）労働や（重農主義者

が主張した）土地のようには物質的な価値を増殖させはしないという意味では本源的ではないにもかかわらず、本源的生産要素と結びついて利潤を生じさせる。ハイエクが企業者とは切り離せないとみなしている資本所有者は、発見した機会に応じて貨幣を投じ原材料・機械と土地・労働を購入（もしくは借り入れ）し、どの段階の中間生産物を生産するかを決めたり別の段階へと転用したりして、うまくいけば利潤を上げる。ここで利潤は、相対価格を見やりつつ、リスクを負い機会を生かす判断を行ったことへの対価であり、純粋に貨幣的な現象なのだ。ハイエクからすれば、資本がたんなる原材料や機械を指すならば、それが物的にも貨幣価値としても増殖する理由は見いだせない。[*6]

「ケインズの投資の定義は個人の利潤にこそ相応しいのであって、全体として企業家に与えられるとするのはミスリーディングである」、「企業家の利潤を生み出すいかなる新たなチャンスも資本を投資する機会における変化ということと同一である。それは投資された資本からの収益（価値）に常に反映されるだろう」（ともにⅢ）という文は、利潤や投資にかんするハイエクの理解を語っている。

企業者が消費財を生産するのか投資財を生産するのかは、ハイエクによればベーム＝バヴェルクの資本理論によってしか説明されない。そしてケインズが欠いているのがその資本理論である。ヴィクセルを継いだと主張するケインズが、それが前提するはずのベーム

＝バヴェルク資本理論に学ばなかったことが、ハイエクからすれば彼我を分かつ決定的な差なのであった。「もし彼がベーム＝バヴェルクの直系であるなどと公言せず、その理論の実体にこそ関心を示していたならば、彼はお手軽にはこの仕事（『貨幣論』）をやっつけられなかったのではないか」（Ⅳ）とハイエクは記している。

(b)へ移ろう。

先の図において出発点と帰結点とにおける二つのEが異なるとしたとき、それをもたらす自発的な変化には、三つの要因がありうる。(1)貯蓄率の変化、(2)新投資率の変化、(3)銀行が預金として受け入れた貯蓄よりも多い、もしくは少ない貨幣を企業者に貸し付けた場合、の三つである。

もし(1)のみが起きて(2)(3)が不変であるならば、消費財の需給が不均衡になる。消費財の生産者は(E－S)－(E－I′)＝I′－Sだけ生産費を上回る（下回る）貨幣を受け取るだろう。しかし投資財の生産者はS－I′だけ生産費を下回る（上回る）貨幣を得るから、ケインズの言う社会における「総利潤」はゼロになるはずだ。このことは、(2)のみが起きて(1)(3)が不変であるときも同様である。

とすると基本方程式において物価水準が変動することの原因であるI′とSが異なる状況とは、結局のところ銀行が貯蓄額よりも多く、もしくは少なく貨幣を産業的流通に追加する(3)の場合に限られることになる。つまりケインズは、インフレもしくはデフレが銀行の信用創造によって与えられることを認めているのだ。ハイエクからすれば、貯蓄が投資に回る（自発的貯蓄）だけなら自然利子率が調整し、両者が一致するのは自明である。不一致は、銀行が企業に貨幣を提供する場合に限られる。

『価格と生産』への残酷な言葉

ハイエクの筆致は執拗としか言いようのないものだった。実際、母国語ではない英文で書いたことの不利を差し引いたとしても、その文体には批判を受けた当事者でなくともいささか閉口させられるところがある。

if節の中に（ ）が含まれ、その中にもif節が入り、コンマがきた後にもwhichが何個も付け加えられるといった具合の文章が、ピリオドまで八行も延々と続くのである。複雑に入り組み、ユーモアや劇的な転換といったカタルシスに乏しい文体によって、ケインズがひとつの用語に対して与えた異なる定義をすべて洗い出し、なぜそうした定義を行ったのか意図を問いただして、無意識に行ったのだとすればその無意識が生じた理由をも解明しようとするのである。「武士の情け」も窺われぬ、逃げ場を残さぬ容赦ない批判とでも言うべきだろうか。

以上のような徹底したハイエクの批判を受け、ケインズも反論を返している。[*7] IからVの五節からなるその内容は、ひとことで言えば門前払いである。「ハイエクは、『合意できない点を正確に示したり、反論を述べたりすることが極端に難しい』と分かっている」、「(ハイエクは)『議論の割れ目を見つけるのは簡単ではない』と述べている。それゆえ彼が行ったのは、私が用いた厳密な言葉について、言葉の上で批判したり陰険な曖昧さをもってくどくどと話すこと」でしかなかった。しかし「私の用語に一貫性がないといったことは、私の中心的な主題にかんしては存在しないし、無関係である」(I)。こういう具合に、具体例に乏しい反発を繰り返したのだった。あまりの執拗さに、ケインズが真面目に通読した痕跡もなく罵倒の言葉を返す心境になったのも、理解できないわけではないのだが。

ともあれ、ハイエクの批判は多くが誤解にすぎないというのがケインズの主張である。基本方程式の第二項に相当する総利潤は産業的流通に対する信用の純増加分もしくは減少分に等しいというハイエクの要約にしても、「どこで私はそんなことを言ったのか。またそのように考える論拠を、ハイエクはどこで示したのか」(II)と、にべもない。

このようにケインズはまともな返事を与えることもなく、そそくさと話をハイエクの『価格と生産』の論評に移す。そして炸裂させたのが、「誤謬から出発して無慈悲な論理家がいかにして精神病院入りとなり終わるかを示すまれに見る一例」という、著名にして残酷な一節であった。『価格と生産』では銀行が貨幣供給を増やせば投資は貯蓄を超え、減少すれば反対というように、不均衡は必ず銀行の作用によって生じている。それゆえ信用循環を回避するには銀行が貨幣の有効量を絶対的かつ永久に一定に保たねばならないとハイエクは言っている。けれども「私の分析はまったく異なる。銀行組織が中立性から変化することがなくとも、公衆が貯蓄率を変えるか、企業が投資率を変えるかの結果として、貯蓄と投資の不一致は生じうる」。貨幣の有効量が不変であってもこれら二つの比率が一定とは限らないからだ、とケインズは述べるのである。ハイエクはこの場合についても貯蓄と投資は一致するとすでに論じているのだが、それを検討することもなく、反論は結ばれている。

書評論争の空しさ

結局、この論争は何だったのだろうか。

ハイエクは書評の後編を翌年に発表したが、ケインズの反応はなかった。ハイエクは後年、ケインズを回想した文章で、この書評ではケインズを「致命的なまでにやっつけた」と述べている。[*8] けれどもそれ以上は、ケインズを追及しなかった。というのも、ケインズ自身が『貨幣論』執筆中にすでに考えを変えたとハイエクに語った（ケインズの反論にもそう述べるくだりがある）からだ。ところがケインズがどう考えを変えたかといえば、それは一九三六年の『雇用・利子および貨幣の一般理論』となって現れた。これはハイエクからすればいっそう許し難い著作だったろうが、ハイエクは何故かこれに大がかりな批判を試みなかった。『一般理論』が、世論はともあれ経済学者の大半を説得するほどの影響力を持つとはハイエクには想像できなかったからとか、ケインズがさらに考えを変えると予想されたから、というのが一般的な解釈である。けれども先の書評でのやりとりからすれば、経済学内部の言葉を用いただけではこの書評論争のような空しいやりとりに終わるとハイエクが考えたとしても、不思議ではない。実際、一九三〇年代のハイエクは、ケインズのみならずF・ナイトやP・スラッファとも論争を交えたものの、やはりほとんど相手を説得できなかった。経済学者との論争に倦《う》んでも仕方のない状況だったのだ。結局ハイエクはケインズ批判とことさらに銘打ってはいない書『利潤、利子および投資』と『資本の純粋理論』で『一般理論』を明らかに意識する分析を行いつつ、それ以上は追及しなかったのである。

ハイエク的恐慌か、ケインズ的投機か

ハイエクは、貨幣と商品の交換が無限に連鎖する状態として市場をとらえている。ある事業において企業家は、貨幣を投じてから回収するまでの時間の流れに沿って生きている。利潤はその貨幣の流れにおいてしか発生しない。では利潤は何に応じて生じるかといえば、何らかの機会を発見し、貨幣を支払って原材料・機械や土地・労働を購入し時間の流れの中に生産物を配置して、販売額との間で差額を生ぜせしめたからである。

このように時間の流れの中で物財や生産要素の配置を自由に変える主体として企業家をとらえるという視点を、ハイエクは終生失わなかった。これは、企業家という「個人」の主観からしか経済秩序は解釈されないという見方でもあった。

一方ケインズは、ハイエクから個人主義的な社会理解にもとづく批判を投げつけられたにもかかわらず、『貨幣論』で試みたような制度の分析や、独立変数と従属変数を統計的・集計的なデータにもとづいて区別しモデルを構成するといった手法については、手放そうとしなかった。とはいえ集計にかんする議論は、ハイエクの主張に分があったと感じる。けれどもハイエクが指摘しなかった論点として、〈生産要素の所有者〉と〈現在資本の所有者〉、〈銀行〉と〈企業者〉からなる資産市場に、この時点ですでにケインズが注目していたことを強調しておきたい。新投資財はフローであるにもかかわらず、その価格水

準は、過去から蓄積された投資財ストックの価格水準によって決定されるとしているのである。ここから投機の分析までは、もう一息であった。

結局のところハイエクの突きつけた問題は、信用拡大なしに投資と貯蓄に不一致が起きるのかということだった。これに対しケインズは、資産市場での資産選択により自然利子率と貨幣利子率が乖離し、物価変動をもたらすという観点を打ち出しつつあった。別の言い方をすれば、これは利潤の源泉が何かにかかわる問題でもあった。ハイエクは企業家が個人的なカンで知識と機会を活用し、貨幣を生産物へと物質化することにより、利潤が生まれると見る。これに対しケインズは、正当化するわけではないものの、資産市場で投機が蔓延し、それがゲームのように利潤をかすめとっていることを直観していた。不況はその副産物であった。だがその説明はいまだ完成途上にあり、ケインズの最終的な回答は『一般理論』に持ち越された。それがこの論争に難解な印象を与えた理由であろう。

第四章　論争後の軌跡――『一般理論』と主観主義へ

『貨幣論』と『一般理論』の共通性

　ケインズの諸著作を通読すると、それぞれの著作から個別に受ける印象とは別に、彼が生きた時代から受け止めたものが何であったのかが伝わってくる。ケインズには『インドの通貨と金融』（一九一三）以来、保持し続けた「構え方」とでも言うべきものがある。それは大きく言えば、眼前に息づく時代を大きくスケッチしようという心構えである。一つには、戦間期におけるイギリスからアメリカへという覇権の移行、中小企業中心の経済から大量生産体制へといった生産方式の転換、フローからストックへという資金市場の変質など、市場の枠組みが大きく変化する状況の本質を観察しようとする姿勢である。

　二つには、その時期の経済にとって何がもっとも重要なのかを熟考し、それに即して理論を構築しようとする態度である。『貨幣改革論』（一九二三）から『貨幣論』（一九三〇）に至る時期、インフレこそが最大の悪であり、それを抑えるためには金本位制に振り回されない管理通貨制と金融政策を用いるべきだと主張したのが、典型的である。

三つには、その「もっとも重要」な点に注目しつつ、イギリス経済の安定化を図ろうとする国益への現実的な配慮がある。アメリカへの覇権の移動という避けがたい歴史の流れに目を背け往時の隆盛を夢見て金本位制へ復帰したチャーチルを手ひどく批判した一九二五年の『チャーチル氏の経済的帰結』など、リアリストでありナショナリストでもあるケインズの面目躍如といった感がある。

四つには、金本位制を無謬の前提とはみなさず、イギリスおよび世界にとってありうべき国際通貨制度を構想した。これは初期から晩年まで一貫したテーマであった。

最後に、イギリスの衰退や二つの大戦によって大きく世界が推移するさなかに身を置いたせいか、ケインズには、現実を直視するとともにそれを超える文明論を展開するところがある。物質的な「豊かさ」が実現された後に何を求めるべきか、といった議論がそれだ。

時代をわしづかみにしようとするかのようなケインズの文章の匂いは、不思議なほどハイエクの文章には共有されていない。

一方、ハイエクは経済学の専門化について、こんなことを述べている。

物理学者でしかない物理学者は、それでも第一級の物理学者、そしてもっとも価値ある社会の一員、でありうる。しかし経済学者でしかない経済学者は、偉大な経済学者ではありえない。これに加えて私はむしろ、経済学者でしかない経済学者は、積極的な危険となるか、そうでなくとも迷惑となる、といいたい気がする。[*1]

こう語るのであるから、ハイエクがたんなる経済学の専門家ではなく、広く社会思想に通じていると自負していたことは間違いない。経済学の難問の答えは経済学の内部をいくら探しても見つからないことに気づいていたのであろう。そして哲学にまで及ぶ幅広い知見から、経済学を見直す手がかりを得たことも事実である。しかしそれにもかかわらず、その議論の焦点はあくまで市場経済をいかにして安定化させるのかにあった。彼は「経済学者でしかない経済学者」ではなかったが、それは経済学に見切りをつけるためではなく、市場経済の本質は社会思想の全域においてしか捉えられないと考えたからだった。

だがそれにつけても、両者の文体の違いは際立っている。社会をまるごとつかみ取ろうとする意識の差ともいえるが、ハイエクにそれがないというよりは、彼はより積極的にそうした構え方を拒否したようにも見受けられる。こうした二人の対立は、社会思想・社会哲学の次元でも反復されている。

ケインズの『貨幣論』と『一般理論』の間には、経済観の大きな転換があると言われている。総需要が縮小したため供給された商品のうちに売れないものが現れるといった意味で「セイの法則を捨てた」ことや、将来に関し起きる事柄につき確率分布どころか種類さえも不明ととらえて「不確実性を強調した」こと、貨幣利子率と自然利子率の乖離が一般物価水準を変化させるというヴィクセル理論を捨てたことなどが、転換の内容とされている。実際、『貨幣論』評の続編を書き上げたハイエクに対しケインズが、「気にすることはないよ。私はあんなことはもはや信じてはいないんだから」と口頭で語ったとき、[*2]念頭にあったのがそうした着想の変化であったことは想像に難くない。

ハイエクにとっても、この変化が見過ごせるものではなかったのは当然であろう。集計量である一般物価水準に照準を合わせているという点で『貨幣論』を批判したのであるから、物価や利潤までもが議論の枠から排除された『一般理論』は、さらなる酷評の対象とされるはずであった。[*3]

だがそれにもかかわらず、筆者には『貨幣論』と『一般理論』の共通性が気にかかっている。それは経済学者が両書の間に「ケインズ理論の転換」を見出すときに無視された、もしくは関心を向けなかったことである。ケインズの経済理論には、「考え方の癖」とでも言えるような一貫性が見られる。主張される「理論」は様々に変奏されるとしても、その「奏法」には共通性が見て取れるのである。筆者には、両書が次のような特徴を共有しているように思える。

1　分析の単位を選定し、それを定義するに当たって、「同質性」に注目する。単位の選択は、人々が日常に使う言葉に即して行われねばならない。
2　その単位は同質であるがゆえに「集計」される。
3　経済は、集計量の均衡関係式によって表現される。
4　分析に用いる概念にも、学者間で共有されるものだけではなく、社会で日常的に使われているものが導入される。

貨幣経済論にふさわしい「単位」とは

『貨幣論』第2編第8章「購買力比較の理論」でケインズは、貨幣の購買力を比較するに当たって「同等」についての基準を見つけ出さねばならないと宣言し、こう述べる。

われわれの任務は、何かを証明することではなく、省察によって正確な定義を明らかにし、それを日常の言葉が実際に意味しているものに、できるだけ密接に一致するようにさせることである。

ケインズがマーシャル的な貨幣数量説にもとづく『貨幣改革論』の立場を脱し『貨幣論』へと転進するに当たっては、貨幣利子率と自然利子率の乖離を物価変動の原因とみなすヴィクセル理論への傾倒があったと本書でも述べてきた。けれどもそれは半面にすぎず、ケインズ自身が力説するもうひとつの大きなきっかけがある。実際のところ本書の大半は理論モデルではなく、そちらの検討に費やされている。それがこの引用で示された定義の問題だった。

そもそも一九二〇年代のケインズは貨幣の購買力とは何を意味するのかの解明をテーマとしていたが、商品を現金取引量とかかわらせるI・フィッシャーのPT＝MV型の数量方程式や、『貨幣改革論』が採用した現金残高ないし貨幣保有量への需要で加重するケンブリッジ型の数量方程式がこれに応えていた。

ところが『貨幣論』に至って、ケインズは考えを一変させる。それらの方程式は「人為的な」標準を採用する解法であって商品を消費者にとっての重要度に応じて加重していないから適当ではない。「人間の勤労と人間の消費とは究極的な事柄」であり、労働と購買力こそが標準に選ばれるべきだ、と。そこで労働によって消費財や投資財を生産することから貨幣所得の流れが「稼得」され、次に消費と貯蓄に「支出」される過程に焦点を当て、「貨幣の価値に関する基本方程式」を構築したのである。[*4] ハイエクの書評の図（一〇二ページ）で言えば、下のEへと稼得され、上のEから支出される点が、社会科学として人間を描くのには重要ということである。

また貨幣の購買力を比較するには等しい感受性と実質所得を有する「相似の個人」の総貨幣所得を直接に比較すれば良いが、「『相似』の一組を選び出す手掛かりとなる客観的な基準」は欠けている。そこで「同等」である二組の商品集合に対する貨幣の支配力を比較するために統計学が用いてきた様々な「近似の方法」を検討し、フィッシャーやケンブリッジが採用した方法は却下し、「最大公約数法」と「限界値法」の組み合わせが妥当と結論するのである。ここで「同等性」や「単位」の選択や集計は、統計学を経済学に応用できるか否かの問題とされたのだった。

また、『貨幣論』第1編第1章「貨幣の分類」では国家貨幣の形態には「商品貨幣」（金）と「法定不換紙幣」、「管理貨幣」があるとしたが、管理貨幣とは金本位制のもとでの兌換紙幣のことである。これらは当時の金本位制における金および金と兌換されない紙幣、兌換される紙幣のことで、要するに米英の通貨制度を前提として貨幣の分類と定義が行われている。

一方、『一般理論』第2編「定義と基礎概念」では「全体としての経済体系に関する問題を扱うのに適切な数量単位」として国民分配分や実物資本ストック、さらには一般物価水準を不適当とし、代わりに貨幣価値量と雇用量を用いる旨を宣言している。単位として貨幣と労働を選ぶ理由は、この二つは同質性を仮定しうるからだと言う。そして労働の集計量の関数として総需要額と総供給額が導かれ、それらが均衡するところで雇用量が決まる。[*5] これについては後述する。

ケインズには、経済学者のではなく、現実の実業家の考えや行動を模写しようとする姿勢も色濃い。たとえば『貨幣論』では、「強気」や「弱気」といった投機筋の用語が理論化されている。『一般理論』には「使用者費用 user- cost」なる概念が導入されるが、これも実業の世界でケインズが観察し、採取したものであって、「古典派の価値理論にとって従来見逃されてきた一つの重要な意味をもっている」。「実業家は使用者費用の観念を、明確に定式化しないまでも、暗黙のうちに心に抱いているように見える」。

「確信 confidence」もそうである。「個人主義的資本主義の経済においてきわめて制御しにくいものは、日常的な言葉でいえば、確信の回復である。不況のもつこのような側面は、銀行家や実業家によっては正しく強調されているが、『純貨幣的』救済策に信頼をおく経済学者によって過小評価されている」[*6]。

経済理論には、普遍性を求めるという美名の陰で現実世界で活動する人々にとってのリアリティを見失う傾向がある。それに対しケインズは、現実世界をリアルにとらえると直観されるような概念で理論を構成し、同質の単位を選定して集計を行い、経済を変数間の均衡状態において理解しようとした。経済理論を構築するに当たってのそうした姿勢は、『貨幣論』以降一貫している。その意味では、ケインズに転換があったとすれば、『貨幣改革論』と『貨幣論』の間に飛躍を見るべきであろう。そして「集計」がハイエクのケインズに対する論評の焦点であったのだとすれば、それはつまりハイエクはケインズのこうした姿勢、とりわけ統計学の導入を批判したことになる。

ケインズ理論におけるこれらの特徴が彼の「考え方の癖」によるものだとすれば、ではそれは何に由来するのか。理解する鍵は、『確率論』にある。

ムーアの宗教を受容し、道徳を退ける——『確率論』

『確率論』が書かれた動機のひとつに学生時代の哲学の師ムーアの『プリンキピア・エティカ』(一九〇三)を乗り越えるということがあった。ムーアはラッセルとともに分析哲学を創始したとされる人物であり、ケインズはムーアを心底から敬愛していたが、ムーアの書にはどうしても納得の行かない箇所があった。その箇所を修正し、ムーアが本来書くべきだった道徳哲学を完成させようとケインズは目論んだのである。

ケインズの来歴を記した第一部でも触れたが、彼が物心ついた頃のイギリスでは、威厳や礼節が強調されるとともに社会には暗部も存在し、二重規範や偽善が瀰漫していた。二〇歳を迎える頃のケインズは偽善的な世俗倫理を拒否するようになり、不道徳であっても真に倫理的でありうることは可能と考えていた。そして彼のそうした振る舞いを正当化してくれるのがムーアの倫理学であると思われた。

世俗の道徳は、「社会にとって有益である」とか「誰かにとって好ましい」という言い方で、特定の行動様式を強いている。倫理学においては、功利主義がそうした論法を支えていた。これに対してムーアは『プリンキピア・エティカ』において、道徳にかかわる問いに先行する基礎命題である「善」は、社会にとっての利益になるとか誰かの効用を高めるといった事実に還元して定義することはできないと主張した（善の定義不可能性）。「善いは善いとしかいえず定義できない」。

黄色を光の振動で表現したとしても、黄色が分かったことにはならない。「黄色い」というのは、直接の視覚によって識別される何ものかであるからだ。同様に、「善い」も事実によって定義されたり正当化されたりしない。何が善かは直覚されるだけであり、内観による真摯な吟味こそが必要である。「善」は内在的価値を有する何ものかであって、それを感覚器官でとらえることのできる自然に還元するのは「自然主義的誤謬」である。「善い」は、「益がある」とか「好ましい」などの自然主義的記述語には還元できない。先行命題の性質を他の事実に安易に還元することは、「自然主義的誤謬」なのだ。よって功利主義は誤謬を犯している。こうムーアは言う。

とすれば、「社会にとっての有益さ」を目指す政治家の偽善的行為や「誰かにとっての好ましさ」を示す経済的成功は、ともに「善」すなわち人生の究極の目的ではないことになる。ムーアのこの主張は、ヴィクトリア朝において紳士に課された義務に偽善を感じ取っていたケインズら青年たちの心をつかんだ。ケインズが生涯、社会の幸福を最大にすべしというベンサム的な功利主義を「現代文明を蝕むウジ虫」として毛嫌いしたのも、効用の最大化を説くピグーの厚生経済学を一顧だにしなかったのもその表れだし、経済学の師マーシャルについても、「(彼にとって) 経済問題の解決は快楽説的計算の応用ではなくて、人間のより高級な……能力を行使させるための先行条件であった」[*7]と評価している。

だがケインズには、ムーアには不徹底があるとも感じられた。ムーアは、善をなすための手段である特定の「行為」が正しいかどうかまでは直覚によってはとらえられないから因果的に判断するしかないが、行為の正しさは原因と結果の関係によって論証できると述べている。ところが将来は不可知であるから、どのように行為すれば善さが高まるかは蓋然的にしか分からない。そこでムーアは、常識的な道徳律や一般的規則に服すことを唱えた。

ムーアの宗教とは、善の直覚にもとづく「時間を超越した、熱烈な、観照と交わり」であり、「美的体験の創造と享受であり、そして知識の追求」であった。一方ムーアの道徳とは、未来の不可知性を論拠に一般的規則の遵守を説くものであった。ムーアが宗教と道徳を併置しようとするのは、ケインズにとっては異様な主張に感じられた。「われわれは、いわば、ムーアの宗教を受け容れたが、彼の道徳を捨てたのである」[*8]。

将来に何が起きるか分からないからといって過去に通用した一般的規則を遵守せよとムーアが言うのは、将来には過去に起きたことだけが起きるという「頻度説」の確率観を前提とするからであろう。しかし将来において新たな種類の事象が起きるなら、過去の体験は役に立たないはずだ。ケインズはこう考え、将来に起きる事象は頻度だけでなく種類すら分からないという不確実性を前提に、確率論の検討に向かった[*9]。

ケインズが原因と結果について推論を行う際に拠り所としたのは、演繹ではなく帰納であった。ヒュームからミルに至るイギリス経験論では、何羽か見かけた白鳥がすべて白かったという具体的経験から「すべての白鳥は白い」という一般的命題を導く推論が、帰納法と呼ばれた。演繹は確実な推論形式であるが、原因と結果の関係が蓋然的でしかない場合には使えない。それに対し帰納的推論は、論理的に確実ではないにせよ、信念として何かしらの合理性をはらんでいる。ここでケインズが取り組んだのは、帰納的推論において信念はどのような合理性を持つのかということであった。

頻度説はJ・ヴェンが体系化したもので、推論の妥当性は過去の経験的頻度だけを論拠としている。このような頻度確率に対しケインズは、「論理確率」を掲げる。彼は前提とされる命題の集合をh、hから推論され結論となる命題の集合をaとし、hの知識がaに対して度合いαの合理的信念を持つことが正当化されたとき、「aとhとの間に度合いαの確率──関係がある」と言い、$\frac{a}{h}=\alpha$と書く。

ケインズは蓋然性を、命題から命題へ、前提から帰結へいたる推論にかかわる何ものかとみなしたのである。それは経験のみならず、個人の主観ないし心理からも独立し、一種の客観性を帯びている。また命題自体の真偽ではなく、命題間の関係の「確からしさ」が問題になると言う。

ここでケインズは、ムーアが善の定義で用いた直覚主義を命題間の蓋然性にも適用するというアイデアを思いつく。命題間に存在する推論の蓋然性もまた直接知覚され、それ以

上は分解されないはずだ、と言うのである。蓋然性とは過去の経験が各命題に対して与えるものではなく、命題と命題の関係にかかわる「確からしさ」なのだ。たとえばある仮説hの一定の証拠eに関し、ラッセルの形式論理学ならば演繹的推論を用い、$e|h$は0（否）か1（是）かである。けれども我々の日常生活は、そのように確実ではない判断に満ちている。ケインズの帰納的推論は、日常の推論に相当する$0 < \frac{a}{h} < 1$の合理的信念を扱うのである。[*10]

ラムジーの批判とケインズの回心

こうしてケインズは道徳にかんしてムーアの主張するようには世間の常識や慣行を守る必要はないと結論し、不道徳であることの正当性は直覚されうると信じたのだった。ところが一九二六年、数学者のF・P・ラムジーがケインズの『確率論』を批判する「真理と確率」を口頭発表した。ラムジーは一九三〇年に急逝したが、ケインズは追悼文において、「私は彼（ラムジー）が正しいと考える」と述べている。[*11] つまり『確率論』は、ケインズ自身によって瑕疵《かし》が認められた作品となってしまったのである。

『確率論』に対するラムジーの批判は、「確率は命題の間の客観的関係にかかわるのではなく、（ある意味で）確信の度合いにかかわる」というものだった。「黄色」が定義不能であるにもかかわらず客観性を帯びているのに対し、命題間の推論は同じような客観性を持つとは言い難い。命題間の関係は、直覚ではなく人間的能力としての「確信」によって支持されているのではないか。確率は特定の命題に対する特定の人の確信の度合いによるのであり、それは賭をする人の行動を調べることによって測定される。ラムジーはそう唱え、彼の主観確率論は後にフォン・ノイマンやモルゲンシュテルンに受け継がれ、不確実性下の行動の基礎理論とされた。

ケインズはそうしたラムジーの批判を受け入れたのである。だがそれにもかかわらず、彼はこう付け加えている。「……彼（ラムジー）はいまだ完全には成功していなかったと思う。それ（確信）が有益な知的習慣だというのみでは、帰納法の原理の根底にまで達しない」。つまりケインズはみずからの帰納的推論の瑕疵は認めたけれども、ラムジーの示唆する「主観確率」の方向に進むべきとは考えなかったのである。ではケインズは、自説をどう修正したのか。

『確率論』第Ⅲ部は、「帰納と類比」と題されている。我々は、形も色も不揃いな果物を一括して「リンゴ」と呼んだりする。異同の識別は物理的な理由から行われるのではなく、「類比 analogy」にもとづいている。多様な現象から一般化を行う帰納法の推論が直覚されうるのは、事象の異同を厳密に識別する「類比」と同様の認識作用だとケインズは言う。

だがそうした認識が可能となるには、条件が必要である。ある卵と別の卵は、卵らしさという共通点を持っていても、殻の色や大きさなどについては厳密には相違している（ケインズはこれを「否定的類比」と呼ぶ）。それらがともに卵であると判定されるには、卵を見るという（枚挙もしくは単純帰納と呼ばれる）経験の繰り返しによって、否定的類比を消去しなければならない。帰納的推理を成り立たせる直覚は、類比と経験（単純帰納）から成り立っている。

だが経験が繰り返されれば事例が追加されるから、「否定的類比」も際限がなくなる。とすれば、事例についての「独立した多様性が有限」でなければならない。そこで否定的類比にかかわる性質の種類そのものの数が有限個であるという「多様性の制限」と、世界は時空を通じ単純な性質を持つ原子から成り、その有限個の組み合わせとして同定できるとする「原子の斉一性」の二つが類比の条件となる。

ところが『貨幣論』を出版しラムジーへの追悼文を認《したた》めた一九三〇年頃から、ケインズは一転して帰納法にかんするこうした条件が社会科学には当てはまらないことを指摘するようになる。一九三八年七月四日付けのハロッドへの手紙では、こう述べている。

私が思うに、経済学は論理学の一分野なのだが、あなたはそれを擬似的な自然科学としてしまうことに十分にしっかりと拒否の姿勢を示していません。……経済学とは、その社会に適合するようなモデルを選択する技術であるとともに、モデルを用いた思考の科学です。経済学がそうであらねばならないのは、典型的な自然科学とは異なり、極めて多くの面で時間を通じて斉一的ではない事象を扱うという性格を有しているからです。あるモデルをたてることの狙いは、一時的ないし流動的な諸要素と比較的恒常的な要素とを分離し、そうした半恒常的な要素についての論理的方法を展開することなのです。[*12]

ここでケインズは、自然科学とは異なり経済現象にかんする世界は時間を通じて斉一的でない、すなわち時空を通じて単純な性質の有限個の組み合わせとしてはできておらず、無限の多様性と複雑性とを有するとみなしている。『確率論』で成立するものとみなした類比の条件すなわち帰納法の基礎は、経済現象において自動的には満たされない、と言うのである。

こうしたケインズの回心は、経済学を自然科学と異なるものとみなすという彼自身の思想上の転換に伴っている。経済学を自然科学に模したP・サミュエルソンの比較静学では、方程式体系において定数と変数が客観的に区別され、ある定数（与件）に変化が起きても他の定数は影響を受けないと前提されている。それがマクロ経済学や計量経済学が成立するための条件である。対照的にケインズは、経済学を時空を超えて普遍的な理論を見出す営みだとは考えない。

それゆえケインズは、彼の死後に「ケインジアン」が用いるようになるマクロ経済学や計量経済学には生前から極めて批判的であった。ハロッドに宛てた別の手紙では、J・ティンバーゲンの計量経済学について「エセ類比 pseude-analogy」と酷評している。ケインズは帰納法の前提が、社会や経済については当てはまらないと理解するようになっていたのである。

だが筆者は、帰納的推論という「考え方の癖」までもケインズが放棄したとは思わない。「あるモデルをたてることの狙いは、一時的ないし流動的な諸要素と比較的恒常的な要素とを分離し、そうした半恒常的な要素についての論理的方法を展開すること」と言うとき、流動的／恒常的という要素間の見分けは、依然として類比によって直覚的に行われている。その直覚は自然科学におけるような客観性を保持してはいないし、経済にかんする制度や環境が変われば修正されるものでもある。そのうえ、一九三〇年代という戦間期の世界経済は、とても斉一であるとか多様でないとは言えないほど、混迷を深めていた。

ケインズの回心は、J・コーツが指摘するように、L・ウィトゲンシュタインのそれに似た出来事と言うべきであろう。[*13]『論理哲学論考』を書いた前期ウィトゲンシュタインが後期の『哲学探究』へと立場を変える際に決定的な影響を与えたのが、ケインズがイタリアから招聘し目に掛けていたスラッファだったことはよく知られている。コーツによれば、ウィトゲンシュタインは使用法が単一であるような「理想言語」の追究が不可能であると悟り、言語は「家族的類似性」を有する多様なゲームで使用されるような「不明瞭性」を帯びていると考えを改めた。

これはケインズが、社会科学においては「多様性の制限」と「原子の斉一性」は前提されえないとしたのと軌を一にしている。有限性や斉一性に代え、言葉は社会で用いられる文脈に拘束されねばならない。社会科学で用いられる概念は、「卵」にしても、殻の色や大きさなどを物理的に測定してではなく、社会で使用される文脈において定義される。類比や帰納は、社会での使われ方に即して行われねばならない。中学新卒労働者が「金の卵」と呼ばれたようにである。ケインズは社会を自然のようには分析できないと悟り、内部から観察し解釈する道を選んだ。

そう考えれば、ケインズが分析に用いる概念として、『貨幣論』で強調したように学者間で共有されるものだけではなく、社会で使われているものに配慮した理由は明らかだろう。経済を分析するに当たって同質とみなす単位にしても、自然科学の対象のように客観的に与えられるわけではなく、分析者が社会における用いられ方に注意しつつ定義しなければならない。ケインズも経済を集計量の均衡関係式によって表しはするのだが、類比や帰納を「解釈」と言い換えれば、それに用いる単位は分析者の解釈によって選択される。ケインズは『貨幣論』および『一般理論』で、貨幣や所得、投資や貯蓄、投機や流動性といった概念につき特定の時や所に拘束される解釈を提示し、それにもとづいて集計量の均衡関係式を導いたのである。ケインズにとってそれは普遍性を持ちはしないが、一時的には経済の全体像をリアルに示し、世界を混迷から救い出すための海図となるべきものであった。

対立点の由来

こうしてみるとケインズとハイエクの対立点のひとつが鮮明になってくる。ケインズにとって経済学とは、分析者が経済や社会を観察し、類比と帰納をもって解釈する営みだった。経済において何が同質であり何が異なるのかを識別するのは、分析者である。それに対しハイエクは、分析者が同質な単位を発見し集計することに異議を唱えたのである。

ハイエクにおいては、何と何が同質であり異質であるのかを決めるのは各個人であり、それらの解釈に優劣をつけるのが市場である。分析者には、解釈を与える資格はない。それゆえハイエクの資本理論においては企業家・労働者・消費者といった概念はあるものの、「同質」であるのは貨幣単位だけである（『貨幣発行自由化論』では、貨幣すらも市場によって選定されるとした）。鶏卵と鶉卵が同じく「卵」に一括されるか否かを決めるのは、市場であって分析者ではない。それらが「客観的に異種」であるとみなすのは生物学者であって、市場ではない。

そう考えるのがハイエクの立場だとすれば、ケインズの経済理論においては「投機」や「物価変動」のように問題として定義する概念と、それを分析するために同質ないし平均として定義される「単位」とが混在している。ハイエクからすれば、後者の「単位」を設定したことが集計を可能にしている。ケインズの経済理論は当人が批判したにせよマクロ経済学と同類であり、設計主義的なものなのである。少なくともハイエクの目にはそう映った。いくら単位の選定に際し社会の文脈に配慮したにせよ、「平均」に注目し経済主体の個別性を消し去る統計学を安易に経済学に用いてはならないのだ、と。

ケインズは『一般理論』で、雇用量を「単位」として採用した。個々の労働者の特殊な熟練や異なった職業に対する適性の差異は、稼得する報酬の差に組み込めば問題ない、とした。[*14] 通常の二倍の報酬を受ける特殊労働の一時間は、二単位として計算すれば良い、と言うのである。
雇用を単位とすると言うとき、労働における差異を能率の違いに過ぎないとみなしている。労働者を、取り替え可能で統計的に把握できる「マス」ととらえるのである。けれども小説家の労働やサッカー選手の労働は、収入によって集計可能なものだろうか？

一方ケインズはハイエクの「資本の維持」（一九三五）を、こう批判している。「ハイエク教授は、資本財を所有する個人は、その所有から得る所得を不変に維持することを意図し、そのため、どんな理由からであっても彼の投資所得が低減する傾向がある場合には、それを埋め合わすに十分なだけ取っておくまでは、彼の所得を消費のために支出しようとは思わないであろうと示唆した。私は果してこのような個人が存在するかどうか疑問である」。

ハイエクの「企業家」の行動が現実的でない、と言いたいのだろう。ハイエクは『貨幣論』への書評においてケインズの投資概念が物理的なものの増加か価値の増加か混乱していると批判したが、これに対する反論である。ハイエクが理解する企業家は、少なくとも資本主義の時代においては時代や場所によって働きを異にするものではない。ハイエクにとって理論を現実に近づけるとは、理論モデルの条件を細分化することでしかなかった。それに傾倒するあまり、『資本の純粋理論』は異様なまでに思弁性の高い作品となった。

両者の対立は、ここでは経済における登場人物や財を分析者が類型化したり同質化したりするセンスをめぐるものだったのである。

スラッファ論文の衝撃

ケインズが一九三〇年の『貨幣論』ののち六年をかけて刊行にこぎ着けた一九三六年の『雇用・利子および貨幣の一般理論』が成立するに当たっては、一九三一年にR・カーンが著し「乗数理論」を唱えた論文「国内投資と失業の関係」が転機となったと言われている。ケインズは多忙な身であったため、週末だけケンブリッジに戻りカーンや若手経済学者たち、いわゆる「ケインズ・サーカス」と議論を重ねた。そこには「ケインズ伝」の作者でもあり『一般理論』から経済成長論の分野を切り開いたハロッド、不完全市場分析からポスト・ケインジアンを率いることとなるロビンソン、国際経済学のJ・ミード、マクロ分配論のN・カルドアといった二〇世紀を代表する錚々《そうそう》たる俊秀が集っていた。

だが『貨幣論』からの転換に際しては、スラッファの影響に特筆すべきものがある。スラッファは一〇〇ページにも満たない主著『商品による商品の生産』(一九六〇)によりF・ケネーやD・リカードら古典派の復興を図ったイタリア人で、当時のイギリスでは経済学の神髄とされていたマーシャル理論の矛盾を指摘してケンブリッジを震撼させていた。のちにリカード全集の厳正な編者となり、ウィトゲンシュタインを後期哲学へ向かわせるきっかけを与えたことでも知られる鬼才である。[*15] そのスラッファが、ケインズの招きに応じてケンブリッジに居を移したのは一九二七年であった。

スラッファはケインズの求めに応じ『エコノミック・ジャーナル』誌にハイエクへの批判論文「ハイエク博士の『貨幣と資本』」を書く。ハイエクは「『貨幣と資本』への返信」によってこれに応え、さらにスラッファは「返答」と続けた。一九三二年の出来事だった。

スラッファ論文は直接にはハイエクの『価格と生産』が継承するヴィクセル理論を組上《そじょう》にのせていた。表だってケインズを批判したわけではない。しかしヴィクセル理論は、ケインズの『貨幣論』もまた前提として共有していた。ケインズはハイエクからの批判には耳を傾ける素振りを見せなかったが、スラッファのハイエク批判についてはあたかも自分に向けられたものであるかに受け止め、『一般理論』への転換を図る決定的なヒントを得た。ハイエクはのちに客観的に記述できそうな資本理論から主観主義の色合いが濃い知識論へと転進したが、それもスラッファが商品再生産の循環的過程を投入・産出の技術的連関という客観的構造だけに注目して描いたことに関係があるのかもしれない。とするならば、スラッファのハイエク批判こそが、一九三一年の相互の書評では決定的な刻印を与え合えなかったケインズとハイエクに転機をもたらしたことになる。

ケインズがスラッファから受け取ったのは、次のような問題である。『貨幣論』においてケインズは、物価の変動は投資が貯蓄と乖離することから生じるとみなした。インフレもデフレも起こさないためには貯蓄と投資を均衡させる必要があり、それを達成する利子率が自然利子率と呼ばれた。

ケインズは、中央銀行が市場（貨幣）利子率を操作できると考えている。イギリスの中央銀行は手形再割引や公開市場操作、貸付により貨幣を創出するし、信用市場には利子率とは別に、一定の銀行貨幣量（貸し付けられる預金額）を借り手に配分する「割り当てという慣習的制度」があった。資産市場は不完全競争状態であり、中央銀行は独占的決定者として貸付利子率を動かしうるということである。[*16] 市場利子率を自然利子率に誘導すれば、物価変動は抑えられることになる。

スラッファは、ケインズ同様に貸付（市場）利子率を操作しうるとみなした。異なるのは、自然利子率についての考え方である。貨幣ではなく小麦や原綿といった商品を貸借する市場があるとして、その需給を均衡させる利子率を商品利子率（自然利子率）と呼ぶとすると、あるときにすべての市場で利子率が一致して「単一の利率」が実現したとしても、商品たとえば小麦の生産量が一時的に増産されれば小麦利子率だけが下がり、全体としての利率の単一性は崩れる。実物的な商品貸借市場においても、貯蓄と投資を一致させるような自然利子率は単一ではなく、市場ごとに多数ありうるのだという指摘である。

さらにスラッファは、商品利子率は競争を通じて変化するとみなした。商品の生産額を市場価格が上回る分が利潤であるが、それは競争によりゼロに近づく。このとき利潤は利子に吸収されるから、商品利子率が貨幣利子率ににじり寄っていく。つまりスラッファは、商品利子率は多数あって、それらは貨幣利子率という中心に吸い寄せられる傾向をもつとみなしたのだ。

こうした指摘は、ケインズをいたく刺激したようだ。『一般理論』で、次のように述べている。


しかし私は（『貨幣論』において）、……各利子率に対して、その利子率が「自然」利子率となるような一つの雇用水準が存在する——経済体系がその利子率とその雇用水準のもとで均衡するという意味において——という事実を見逃していた。……私は当時、ある状態においては、経済体系が完全雇用以下の水準のもとで均衡しうるということを理解していなかったのである。

私は現在では、以前きわめて有望な考えであるように見えた「自然」利子率の概念が、われわれの分析に対してなんらかのきわめて有益な、重要な貢献をするものとはもはや考えていない。[*17]

ここではケインズは、ヴィクセルから離れスラッファの主張を受容しているように見受けられる。つまり、『貨幣論』では投資＝貯蓄となるような自然利子率が唯一存在し、それに市場利子率を一致させれば完全雇用は達成され、物価も安定するとしていた。ところが『一般理論』においては、中央銀行が操作する特定の貨幣利子率に向けて商品（自然）利子率が収斂し、さらに貨幣利子率ごとに別々の雇用水準が対応している。しかもそれは、完全雇用とは限らない。したがって金融政策は、雇用水準を完全雇用に近づけるべく貨幣利子率を操作すべきだ、ということになる。

「有効需要」の発見

ケインズがこの「一般理論」によって代替させようとしたのが、古典派理論だった。それは失業が労働市場において貨幣賃金が高止まりしているために起きているとみなし、失業対策としてその引き下げを唱える。そうした古典派の失業対策に反駁するのが雇用の一般理論の狙いだった。

以上の主張は、$\phi(N)=D=D_1+D_2$と要約される。「これが雇用の一般理論の核心である」[*18]。

ここでDは有効需要である。雇用量Nの関数$\phi(N)$は総供給額であり、個人消費額D_1は国民所得を介して雇用量Nの関数$D_1(N)$であり、新投資D_2は資本の限界効率を反映して利子率の関数$D_2(i)$である。よって$\phi(N)=D_1(N)+D_2(i)$となる。ただし個人消費額D_1は雇用量Nにかんし増加関数であり、民間の新投資額D_2は借入利子率iに対し減少関数である[*19]。ここで中央銀行がある水準にiを決めると自動的に投資額が定まるが、それを除いた総供給に個人消費が達しないならばNは完全雇用よりも低い水準まで下がり、失業が存在したままで総需要と総供給を均衡させてしまう。先の式は総供給額が個人消費額および新投資の和としての有効需要と均衡するということを意味するが、均衡状態を誘導する変数は雇用量だから、その水準で雇用量が決まってしまう。完全雇用状態での総供給額に有効需要が達しないことが、失業を生じさせる原因なのである。古典派が自発的失業の存在を認めないのは、総供給額の関数とは独立するものとして有効需要の存在を認めなかったからだとケインズは主張する。有効需要が不足すれば完全雇用以下で雇用水準が停滞してしまう。

ここで中央銀行が金融緩和により貨幣を追加供給すると、他の資産に比して貨幣がダブつくから資産価格が上昇、貨幣利子率が下落→資本の収益率（限界効率）が貨幣利子率に比して高くなるから投資増→有効需要増→雇用増という経路をたどることになる。φ(N)とDが唯一のNとiの組み合わせによって均衡するというのがケインズの以前の発想だったが、『一般理論』では複数の均衡が存在するという発想に入れ替わっている。総供給額φ(N)と有効需要Dを識別する（これは事実と期待を区別するということでもある）ことには、なるほどスラッファの後押しが欠かせなかったのであろう。

とはいえこうした議論は、それだけで終わればヒックス流のIS＝LM分析の解釈に落とし込むことも可能である。というのもここで想定されている経路は、Mの供給増を受けたLM曲線の右方シフトとIS曲線との交点の右下移動（利子率下落、国民所得増＝雇用増）という形で理解できてしまうからだ。ところがIS＝LM分析をさらに物価P、貨幣賃金Wを導入して総需要・総供給分析に拡張すると、貨幣賃金が下落したときに物価が下がり実質貨幣量が増加、その後は先の経路をたどって最終的に雇用が増加するとされている。つまり景気をよくするには労働組合が賃下げに合意すべきだと言っていることになり、非自発的失業は最低賃金法の存在や労働組合が賃下げに抵抗することから生じているという新古典派（ピグー）の説を支持する議論になってしまう。ケインズが論破しようとした主張を、みずから正当化してしまったことになるのだ。

『一般理論』という本が一筋縄でいかないのは、なるほどそのように読める部分を含みながら、そこから逸脱する視点がしっかりと語られているところであろう。ヒックスの読み方は、いわば『一般理論』から先の数式に関係ある部分だけを抜き出し、残りには目をつむるというものであった。IS＝LM分析は、経済を描写する方程式体系において、数値のうち一部が与件であり、他が従属変数と独立変数から成るとみなしている。与件（たとえば中央銀行が操作しうる貨幣量M）を変更したとき、他の変数の均衡値がどのように移動するのかを検討するのである（そうした「比較静学」の手法は、サミュエルソンが確立した）。従属変数や独立変数が変わっても、与件には影響がないとされている。ところがケインズは、貨幣賃金の引き下げを論じた第19章に見られるように、賃金が下がると消費性向と資本の限界効率表といった与件がどのような影響を受けるかも考察している。賃金引き下げの影響を考察するに当たっては、ある与件が変われば他の与件はどう影響を受けるのかというように与件間の影響関係に注目する。これはIS＝LM分析の比較静学とは思考法としてまったく別のものである。

貨幣賃金と消費性向・資本の限界効率をつなぐもの

では、貨幣賃金と消費性向、資本の限界効率表といった与件は、相互にどのような影響を与え合うのか。第8、9章によれば、消費性向には賃金単位の変化や純所得、資本価値の意外の変化や時差割引率、財政政策の変化、所得水準の期待の変化といった「客観的要因」とともに、不測の偶発事、将来の備え、利子投機の享受、支出の逓増《ていぞう》、独立の意志、投機の運用資金、遺産、そして吝嗇《りんしょく》という八項目の「主観的要因」が挙げられている。スラッファが技術的な投入・産出の連関という客観的要因だけから経済を描き出そうとしたのに対し、ケインズはそれを受け止めながらも背後では「主観的要因」なる別次元の論理を準備しているのである。それにより彼が把握しようと試みたのが、投資が投機化することの雇用への影響であった。転売を目的とする投機化はすでに『貨幣改革論』から視野に収められていたものの、『貨幣論』に至るまでの一九二〇年代には物価変動の方がより重要なテーマとみなされていた。それが逆転したのである。

ケインズの言う消費性向は貯蓄性向の裏返しで、将来をどう考えるかに依存している。「資本の限界効率」にしても、将来の不確実性にさらされている。ある資本設備の投資を行ったとして現在からn年後までの期待収益が$R_1, R_2, R_3 \cdots\cdots R_n$であるとき、それらを現在価値化した値が購入価格に等しいときの割引率が、資本の限界効率だとされている。もちろん期待収益は不確定であり、予測値にすぎない。

利子率を詳述するのが、「利子と貨幣の基本的性質」と題された第17章である。ケインズは商品利子率が様々な資産にかんしてどのような性質を帯びるかというスラッファの議論を思わせる問いかけを行い、三つの属性があると答えている。それにより消費性向と資本の限界効率、利子率が互いに結びつくことになる。

第一に商品は「なんらかの生産過程を助けたり消費者に用役を提供することによって、それ自身によって測られたqの収益または産出物を生み出す」。第二に「単なる時間の経過によってなんらかの損耗を蒙ったり、なんらかの費用をともなう」。これを持越費用cと呼ぶ。住宅には貸したときの家賃収入に相当する利益qがある。小麦は保存するのに持越費用cがかかる。第三に、「ある期間に資産を自由に処分しうる力は潜在的な便益あるいは安全性を与えるであろう。その程度は、資産そのものの初めの価値が等しいとしても、異なった資産について同じではない。……この処分しうる力によって与えられる潜在的な便益あるいは安全性（資産に付随する収益または持越費用を除く）のために、人々が喜んで支払おうとする額（それ自身によって測られた）をその流動性打歩（liquidity-premium）ℓと呼ぼう」。これはある商品の貨幣との交換しやすさ、つまり売れやすさのことである。それぞれの商品は以上を合算した$q-c+\ell$の商品利子率を有すると言うのである。

ケインズは第13章「利子率の一般理論」において「利子率は流動性を手離すことに対す

る報酬」と定義しているが、これは貨幣の商品利子率が貨幣の流動性に相当するという言明である。ここで毎年の価格変化（キャピタル・ゲイン）がaであるとしよう。

消費財を購入するとは貨幣を手放すことだから不測の偶発事・将来の備え・投機の運用資金等を失うことだし、設備投資を行うことは期待収益を得られるものの、一時期はそれを貨幣に戻せないということになる。消費や投資を行うのかそれとも予算を貨幣として持ち続けるのかの選択は、それぞれの商品iの自己利子率$a_i+q_i-c_i+\ell_i$と貨幣の流動性プレミアムのいずれが大きいのかによって判断される。

商品iについての$a_i+q_i-c_i$は新古典派の資産選択理論でも取り扱うことができる。q_i-c_iの部分は株式ならば配当に相当する。a_iに注目するのが投機で、さらにリスクを勘案して$a_i+q_i-c_i$の大きさを比較し選択するのである。ケインズの独創は「流動性プレミアム」である。流動性とは貨幣との交換のしやすさのことだからメンガーならば「販売可能性」と言うところだが、新古典派においては資本財ではなく消費するために購入する消費財は、価格を下げればすべて売れる、すなわち貨幣と交換しにくいなどということは起こりえない。ここでケインズはハイエクが『貨幣論』書評で評した通り、貨幣と商品の交換は不可逆であり、いったん交換（購入）した商品を貨幣に交換（売却）し直せるとは限らないと考えているのである。したがって流動性プレミアムとは、ある資産を購入するときに貨幣という流動性を手放すために要求しうる利率である。ということは、「流動性プレミアム」は売れにくい商品に対して生じることになる。商品ごとにℓiは異なり、貨幣のそれは0である。では、必ずしも予想通りに売却できるとは限らない商品とはどのようなものなのか。

「流動性プレミアム」はいかにして生じるか

第一は、買ったとしても予想通りに収益を上げるかどうか不確実性のある資本財である。宇沢弘文はこれにつき、「企業は……固定的な生産要素から成り立っている。機械設備とか、技術的知識、あるいはマーケティングにかんするノウハウ、技術者、熟練労働者などという固定的な性格をもった生産要素から構成されているとき、これらの固定的生産要素については、その調整は瞬時的に行うことはできない[*20]」と述べている。企業は生産要素の塊であるが、簡単にバラしたりまとめたりできるようなものではなく、統合されて初めて収益を生み出す有機体である。その一部たとえば工場は売られたとしても他の企業ですぐに十分な収益を生み出すわけではなく、それだけに評価通りには「売れにくい」。

この点にかんしケインズが意識したと思われるのが、先に述べた「資本の限界効率」の算出式（注だと第四章19）である。もしn年までの途中にこの資本設備が転売できるとすれば、このような式は成り立たない。ということは、資本の限界効率を計算するというときケインズは、暗にこの資本設備がn年間は「売れにくい」と考えていることになる。

けれども資産市場が整備されると、企業そのものが物的かつ固定的な資本設備を用いて生産活動を行っているせいで売却してもすぐに収益を生み出すとは限らないが、株式の売却ならば比較的容易である。そしてすでに投資が行われ現在稼働中の機械についても資産市場では「売れやすさ」についての判断が日々更新されるようになる。以前は企業家だけが資本の限界効率を計算していたが、その計算を市場も行うようになるのである。ここで企業家は、新規に投資を意思決定しようとする際に、その資本設備の限界効率を算出するだけでなく、既存企業を買収した場合の値段と比較しなければならなくなる。こうしてフローの新投資財の価値がストックとしての株式の価値に接続される。

では株式や債券については、不確実性から売れにくくなる可能性は生じないのだろうか。ここで考えられるのが第二の、値上がりを待って転売するための「投機」のケースである。前提としては、所有と経営が分離するようになったことがある。そして株式投資の目的がキャピタル・ゲインaiを得るための投機になると、企業の経営状態よりも短期的な株価の変化に株主の関心が移り、株価を支配する他人の意向が重要性を帯びるようになる。ここで将来における不確実性や株式・債券の流動性は、他人の意向とのかかわりから生じている。売れやすさを表す流動性プレミアムは、資本の固定性だけでなく人々の意向にも依存するのである。

そのうえ二〇世紀初頭からアメリカでは、株式市場は「玄人筋の投資家」だけでなく「素人投資家」にも開放されるようになっていた。しかも素人の動かす資金は、玄人のそれに匹敵するまでになっていた。「ある種の投資物件は、専門的企業者の真正の期待によるよりもむしろ、株式取引所で取引する人たちの、株式価格に現われる平均的な期待によって支配される」[*21]。株式市場は玄人の直感だけではなく、素人の気分にも左右されるようになっていたのだ。

こうした事態を受けてケインズは、有名な美人投票のたとえを持ち出している。資産市場は「投票者が一〇〇枚の写真の中から最も容貌の美しい六人を選び、その選択が投票者全体の平均的な好みに最も近かった者に賞品が与えられる」という「美人投票」のようなものになったと言うのである。この「美人投票」のゲームでは、それぞれの投票者は自分が最も美しいと思う写真を選ぶのではない。他の特定の投票者が最も美しいと考える写真を選ぶのでもない。つまり、人々の好みを問うているのではない。そうではなくて、好みであるか否かはともかくとして、平均的な意見が誰に投票するのかを読み解こうとしていると言うのである。

玄人筋による専門的な判断にしたところで、投機となれば「美人投票」のゲームに巻き込まれる。株価は平均的な予測にもとづいて形成されるからだ。ここで投資家は、企業の技術や製品の評判について通暁するだけでなく、株価にかんする素人の群衆心理にも目配りしなければならなくなる。素人が平均値として証券価格をどう考えるかを予測しなければならなくなったのである。ここで、流動性プレミアムが生じる理由が登場している。証券価格が上がればこれ以上は上がらないと考える人が一人また一人と増える。最終的には誰も証券価格の上昇を予想しなくなるなら、全員が貨幣と交換しようとする。いわゆる「流動性の罠」の状態だが、このとき証券は容易には売れなくなり、その流動性プレミアムはきわめて大きなものとなる。逆に証券価格が下がり続けるとき、底を打ったとみなされれば今後は上昇のみが予測されるから、流動性プレミアムは小さくなる。しかし素人の予測は群衆心理で同調しがちだから、それによって株式・債券は情勢ごとに流動性プレミアムも変動する。

第三は、住宅のように資産性を持つ財の場合である。住宅は居住することそのものから便益が生まれ貸せばその便益に相当する収益 q が上がり、毎年傷むから c も要する。それに売却時には値上がりを投機的に期待するのでそれに相当するキャピタル・ゲイン a も含まれる。つまり投機目的の証券保有とは q − c の部分が異なっているし自分で住めば便益も得るが、不況で価格が下落傾向になれば売れやすさは小さくなるから、手元に現金が多くない人にとっては買いにくくなる。

さらに言えば実際に消費してしまう目的で購入する消費財の場合は、便益だけが視野に収められている。けれどもやはり不況で雇用される可能性が低まると現金を得る可能性も下がるから、余程の便益が得られる消費財でなければ購入されないだろう。先に挙げた「主観的要因」のうち偶発事や運用資金額によって貨幣の手放しやすさが決まる。消費性向も流動性とかかわっているのである。

このように、生産に用いる資本財や投機の対象となる証券そして住宅や消費財なども、貨幣と交換に購入するに際しては流動性プレミアムが問題になる。ところがヒックスのIS＝LM分析にせよ、$\phi(N) = D_1(N) + D_2(i)$という有効需要の方程式にせよ、貨幣は後景に退いている。せいぜい資産市場での投機が貨幣保有の動機として考慮されるだけである。それも群衆心理が働くため、資産の価格と売れやすさの関係は一義的ではない。だが貨幣賃金の引き下げがこうした経済体系にどのように影響するかとなると、消費性向や資本の限界効率、利子率といった他の与件が将来の不確実性を配慮するものであるため、貨幣に注目せざるをえなくなる。消費財も投資財も貨幣でしか購入できないからであり、貨幣賃金が下がったときに現金収入が減るとか失業するとかが心配になれば、貨幣を手放すことはそれだけ不確実性に対処しうる流動性プレミアムを失うことになるからだ。『貨幣論』においてもケインズは、労働によって貨幣を「稼得」し、それを消費や貯蓄に「支出」するところに注目して論を起こしている。将来を楽観すれば気楽に消費や投資がなされて好況になるときにはバブルすら発生するし、逆に悲観すれば貨幣を抱え込もうとして不況を招き寄せることになる。まさに、「貨幣の重要性は本質的にはそれが現在と将来とを結ぶ連鎖であることから生ずる」のである。その意味で市場社会とは、貨幣をめぐる経済体制といえよう。そして貨幣賃金が下がり流動性が低下したとみなされるようになると、消費性向も資本の限界効率も低下し利子率が上がるだろう。そして不況は深刻化する。これが古典派の失業対策へのケインズの反論である。

ＩＳ＝ＬＭ分析における均衡式を見ていると、貨幣はたんなる資産のひとつで、債券と選択されるものでしかない。だが貨幣経済においては、取引は必ず財や資産と貨幣が交換されることによって行われる。財が売られ貨幣を得て、それで資産を買ったりする。しかし貨幣を持つ人が資産も財も買わないならば、そこで取引の連鎖は断ち切られる。取引の連鎖、経済の循環は、貨幣という媒介が退蔵されない限りでしか維持されないのである。取引の非自発的失業は総需要の不足から生じるというのが『一般理論』前半部の結論だが、後半部を読めばそれは貨幣の退蔵に由来するとみなされていることが分かる。

いって見れば、人々が月を欲するために失業が生ずるのである。——欲求の対象（すなわち、貨幣）が生産することのできないものであって、それに対する需要も簡単に抑制することができない場合には、人々を雇用することはできないのである。救済の途は、公衆に生チーズが実際には月と同じものであることを説得し、生チーズ工場（すなわち、中央銀行）を国家の管理のもとにおくよりほかにはないのである。[*22]

確信のゆらぎが恐慌を引き起こす

以上の応用として、第22章「景気循環に関する覚書」でケインズは、恐慌とは資本の限界効率が急速に崩壊することだとしている。利子率が一定だとすれば、そのとき投資が急減し、総需要不足が剥きだしになる。好況の後半段階において将来収益にかんし楽観が蔓延していたなら、その衝撃は倍加する。ここで中央銀行が貨幣利子率を下げれば、投資は回復しそうなものである。だがケインズはそう考えない。続いて流動性選好の高まりが襲い、貨幣への逃避が始まると言うのである。

市場にいったん確信の動揺すなわち「不安」が蔓延すると、リスクを回避しようとする人々は流動性（貨幣）の確保に走ることになる。それが消費財であれ投資財であれ、有効需要を停滞させる。ケインズはここで、「流動性の罠」の可能性を発見したのである。それはＩＳ＝ＬＭ分析のＬＭの部分で言われるように債券価格が上がりきったために生じるだけとは限らない。むしろ消費であれ実物投資であれ資産投資であれ、貨幣を手放すこと全般に確信が持てなくなった状況である。「個人主義的資本主義の経済においてきわめて制御しにくいものは、……確信の回復である」[*23]。

以上のように俯瞰してみると、経済政策を通じて有効需要を管理し非自発的失業を減らすべく書かれた『一般理論』には、二つの側面があることになる。一つは、金融政策によって有効需要の管理が可能であるような場合。将来についての見通しがある程度まで確実と目されるならば、金融緩和により公衆が貨幣を持てば消費か投資に使われるため、有効需要が拡大する。『貨幣論』においてケインズは物価安定のための金融政策を唱えたが、同書ではむしろ金融政策は雇用対策になるとみなした。もう一つは逆に、将来への不安から貨幣の退蔵が大規模に起きている場合。このとき公衆が貨幣を消費にも投資にも使わないから、金融政策は無効になる。ケインズは公共投資論者であるかに言われるが、公衆に代わって政府が貨幣を使うのが公共投資であり、ケインズはそれを将来の見通しが不透明化した際に限って実施すべきと唱えたのである[*24]。

貨幣賃金の引き下げにかんしても、同様のことが言える。将来の見通しに確信が持てる状況であれば、ピグーが主張するように消費や投資への影響よりも労働市場での需給だけを検討すればよいから、雇用は増大するだろう。けれども将来不安が拡がっているなら、貨幣収入が減ることでそれを使うよりも退蔵したいという気持ちが高まり、消費性向や資本の限界効率は低下する。賃金引き下げによる不況の深刻化を予告し公共投資による手当てを唱えたケインズは、このように将来不安の高まりを当時の不況の原因とみなしていたのである。

ハイエクは民間銀行の信用拡大も貯蓄の裏付けもない投資（迂回生産の延長）はありえないとし、ケインズは書評論争の段階ではこれに答え切れていなかったが、『一般理論』では将来への確信のゆらぎがもたらす「流動性の罠」により、貯蓄されても実物財への需要とはならない貨幣資本が存在する可能性を見いだした。『一般理論』では触れられていないが、将来に対し過信があるとき実物資産が貨幣同様の流動性を有するとみなされ、バブルが発生する。その可能性はすでに予告されたも同然であった。

一九三〇年代のハイエク

ケインズ自身が厳しく拒絶した計量経済学の方法が、彼の死後「ケインズ経済学」として定着したことは、経済思想史上の皮肉、もしくは醜聞と言うべきであろう。*25 ケインズは、集計量を定数および変数とする数本の方程式で経済を描けると主張したJ・ティンバーゲンを酷評した。だがケインズの『雇用・利子および貨幣の一般理論』は現在、まさにそうした連立方程式の体系に意訳され、マクロ経済学の教科書として流通している。

だがハイエクもまた経済を方程式体系に写し取り、予測を行い検証するような自然科学めいた経済学のあり方を強く否定している。ハイエクにとってはそうした考え方がまさに「設計主義」であり、自由社会の敵であった。とすれば、ハイエクとケインズにとって自由社会を守るとは、経済学の計量化ないしマクロ経済学化を糾弾することと同列の営みであった。方程式のなかの特定の定数（たとえば貨幣供給量や政府支出）を増減させるべきか否かといった些末な問題が彼らの対立点なのではない。そのような方程式体系として経済を記述できるという思考法を拒絶するという点では、彼らは共闘していたとさえいえる。

ケインズは『一般理論』で固定資本の移転の困難さについて示唆しているが、これはハイエクが「ハチミツのたとえ」で言おうとしたことに類している。彼らは激論のあと、周囲の目とはうらはらに接近したとみることもできる。

ハイエクは書評論争の後に、経済学にかんしてはおよそ二つの方向で思索を展開している。第一は、一九三九年の論文集『利潤、利子および投資』および四一年の大著『資本の純粋理論』に至る、それまでの景気循環論を現実化・精緻化させる方向である。前者においては、純粋な市場を想定してきたそれまでの景気循環論が、より現実的な仮定のもとでも成り立つことを論証しようと試みている。具体的には、短期的に主要産業間で労働移動が生じないこと、貨幣賃金は下落しないこと、既存設備の利用はその目的に対し限定されること、貨幣利子率は一定であること、そして所得や利潤・賃金・収益はすべて名目値とすること等の仮定である。

第二は、論文「経済学と知識」（一九三七）、「社会主義計算」（一九三五―四〇）を手始めに、「社会における知識の利用」（一九四五）、「競争の意味」（一九四六）に結実するような、市場を「知識の分業」のシステムとみなす方向である。[*26] オーストリアでは第一次大戦後の一九一八年から現在に至るまで社会民主労働党が支持されているが、とりわけ第一次大戦後のK・ザイツによる「赤いウィーン」市政では、市価を下回る価格で住宅が提供された。ハイエクは家賃統制にかんしては自説である資本理論をもとに一九二八年の国民経済学会で批判的な報告「借家人保護問題」を行っているが、[*27] さらに社会主義が経済体制として存続可能であるのかどうかをめぐってミーゼスが開始していた「社会主義経済計算論争」にも参入していった。

景気循環論の現実化——リカード効果

以下、ハイエクが辿ったそれぞれの方向について、より詳しく見ていこう。論文「利潤、利子および投資」においてハイエクは、大恐慌という現実をできる限り反映させるような仮定を導入する。これらを導入したのは、景気循環論の非現実性という批判に応えるためだとハイエクは述べている。この間、『一般理論』が一九三六年に出版され、ケインズは仮定を現実の観察から導入し、それにもとづいて財政金融政策により景気を浮揚させることができると論じていた。ハイエクはこれに抗し、現実的な仮定を仮想条件として追加してもなお、消費財需要の高まりが投資財需要を牽引するというケインズの投資関数の主張とは逆に、貨幣的景気循環においては依然として消費財需要の高まりが投資財需要を減退させることを示そうとする。それが「リカード効果」である。

消費財と資本財の相対価格や貨幣利子率が伸縮的でなくなれば、それらは生産過程を伸縮させるシグナルではなくなる。貨幣利子率は一定だとすると、資本がどのように使われるのかを指示するのは利潤率である。「筆者が関心をもっているのは、利子率が少しも動かない場合に、利潤率がどう動くかを説明することである」。

まず五つの産業があるとし、それぞれが生産する商品には最終的に消費される生産物になるまで、二年、一年、六ヵ月、三ヵ月、一ヵ月のあいだ労働が投下されなければならないとする。資本家は、手持ちの貨幣資本をそのいずれに投じるのかを選択する。

図6で上方の産業の方が労働をより多く投下して消費財を製造するのだから、以前の言葉では迂回生産の期間が長い、「より多く資本主義的」な産業である。下方は迂回生産期間が短い、「より少なく資本主義的」な産業である。ここで貨幣利子率は年率六％だとし、初期状態ではどの産業に貨幣資本が投じられても同じく年率で六％の利潤（内部収益率）が得られるものとする。そうするとそれぞれの産業では市場に出荷されるまでに一二％、六％、三％、一・五％、〇・五％の利潤が得られなければならない。この利潤は、産業が一回転するまでの「利潤マージン」である。

　ここで賃金が不変である一方、生産物価格は二％上昇するような変動が生じたとしよう

図６　「リカード効果」の数値例

労働時間	二年	一年	六ヵ月	三ヵ月	一ヵ月
各期末の初期利潤率（％）	一二	六	三	一・五	〇・五
	（すべて年間六％に対応）				
二％の価格上昇を付加した利潤率	一四	八	五	三・五	二・五
その年率	七	八	一〇	一四	三〇

(実質賃金は二％ずつ下落する)。生産物の価格は均しく二％ずつ上がるから、それぞれの産業で資本は投下期間ごとに一四%、八%、五%、三・五%、二・五%の利潤マージンを得る。これを年率に換算すると、七%、八%、一〇%、一四%、三〇%となる。ここで労働者は産業間で移動しないとすれば賃金は一定のままであるから、資本家はより利潤率の高い産業に貨幣資本を投下しようとするだろう。言い換えれば、消費財需要の高まりがひき起こす生産物価格の上昇は、投資財をさほど使わず「より少なく資本主義的」な産業へと資本を移動させる。

『価格と生産』では本源的生産手段の最初の投入から始めて消費財が生産されるまでの単線的な生産過程が考察され、中間生産物・資本財と消費財の相対価格が変化したときに資本家が生産工程のどの段階に貨幣資本を投下するか、それにつけ平均生産期間（生産段階）がどう延長されるかが思考実験された。それは価格や賃金がすべて伸縮的であり労働も産業間で自由に移動すると仮定されたからである。ところが今回は生産物価格は上がるが賃金は変化せず労働も移動しない状況が想定されている。そこで複数の消費財に至る複数の生産過程が同時に存在するとして、貨幣資本がその間を移動する「リカード効果」の状況が考察されたのである。

ここでハイエクは、「さまざまな産業の別々の投資需要表を一度に集計することではなく、考察している原因が異種の資本財需要に及ぼす諸効果を注意深く識別することがどれほど重要であるか」を強調する。集計的な投資関数から出発するようなマクロ経済学は、貨幣資本を利潤マージンに応じて移動させるような資本家個人への理解を欠いているという理由で、やはり否定されるのである。

さて、ここで仮定されたようなより多く資本主義的な産業からそうでない産業へという資本移動の趨勢は、いつまでも続くわけではない。産業間で労働者は移動しないから、下方産業の労働者がより長く働かされれば限界生産力が低下し、年間の利潤率が各産業で均等になってしまえば、資本が下方により多く投下される傾向は終息する。

またこの例では貨幣利子率は六％であり、利潤率はどの事業でも年率七％を超えている。したがって利潤率が貨幣利子率を上回る間は、資本家は信用の供与を受けすべての事業に資本を投下し続けるはずである。しかし消費財への需要が飽和して生産物価格の上昇率が下がったり、また貨幣利子率も硬直的とはいえ無限に弾力的ではないならやがて上昇してゆくだろう。そして「分岐点」に至れば、一部の産業では利潤率が貨幣利子率を下回ってしまい、借金をしての資本投下および上方の事業から下方の事業という趨勢は断ち切られる。「恐慌」である。[*28]

リフレーション政策が誘発する恐慌

そのような激烈な景気変動を緩和するためには、政策的な措置としては二つが考えられる。ひとつは、産業間で労働は移動しないが資本が移動することによってある産業で非自発的失業が生じ、他方で労働に対する需要が過剰になる可能性があるが、それを防ぐため景気が不安定局面に突入する前に、貨幣賃金をひき上げ実質賃金の調整を行うのである。だが、市場価格が伸縮的でないのに何が適切な実質賃金であるのかを知るのは容易ではない。

そこでいまひとつの策が、金融政策により、好況のうちに均衡利潤率に見合うよう貨幣利子率を引き上げること、つまり金融ひき締めである。これをハイエクは、「不況に先制攻撃をかける」と表現する。だがこれも、政治的には容易ではない。その事情につきハイエクは、のちにこう記している。

> 問題は、近い将来ある程度の失業を覚悟するか、または、「一時的にそれが避け得ても」もっとあとにより大量な失業に追い込まれるか二つに一つの選択の道しかない状況のもとで、どうすべきかの答えを迫られているのです。私が何にもまして心配なのは、つぎの選挙のことばかり頭にある政治家たちが往々にして、APRES NOUS LA

DELUGE［あとは野となれ……］的態度から問題を引き延ばして、より大量の失業を招く道を選びがちなことです。不幸なことに、かの英誌「エコノミスト」の記者のような論客たちもが、似たような議論を展開して、通貨量の増大がいぜん続いているさなかにリフレーション政策を唱導しているありさまなのです。[*29]

ここでハイエクが嘆いているのは、不況になり金融緩和するようなリフレーション政策がとられがちになるのだが、それはむしろ利潤率と貨幣利子率の乖離を長引かせるばかりで、より深刻な恐慌を招き寄せかねないということである。ハイエクが敵視するのは財政政策というよりも貨幣政策、なかでも貨幣利子率を利潤率と乖離させ誤投資を生じさせるようなリフレ政策であった。このようにハイエクは、賃金や貨幣利子率の硬直性といった仮定が導入されたとしても、市場の本質的な機能は変わらないと見る。仮定をより現実的にしたとしても、ハイエクの資本理論には本質的には付け加えられるものはなかったのだ。

だがそうしたハイエクの主張は、ケインズには届かなかった。それも当然のことではある。というのもケインズが消費財需要の高まりが投資財需要を増加させると考えるのは、短期的に主要産業間で労働移動が生じないとか既存設備の利用はその目的に対し限定されるとか、貨幣賃金や貨幣利子率は硬直的であるといった条件だけからではなかったからだ。銀行融資がなかったとしてもそれ以上に資産市場で資本財産業への投機が行われれば、投資財需要が増加しうるからである。結局「リカード効果」は、ケインズの投資関数を批判するものであったが、資産市場における投機というもうひとつの論点を外した議論と言うしかない。

ナイトとの応酬

ところがこうしたハイエクの主張には、ケインズとは別方向から批判が寄せられた。[*30]F・ナイトは、オーストリー学派は時間を遡ることで資本財の起源をそれ以外の本源的生産要素に求めうると仮定し、資本は周期的に減耗し再生産される「寿命を持つ物財」、ないし労働者の生計維持のための「賃金基金」にすぎないとみなしていると言う。しかし資本財を作るのに道具が用いられた期間が人類史の始めまで遡りうるとすれば、迂回期間は人類史のすべてということになりナンセンスである。資本をそれ以外のなんらかの本源的要素の生産物と言っても何かを説明したことにはならないのだ、と。資本は現時点において協同して働くすべての要素の生産物としか言いようがない。資本とは恒久的に用役を提供し価値の流れを生み出す能力であって、具体的な資本財に具現された「恒久的基金」である。こうして、ある時点における生産設備の理論的販売価格は、将来収益を同一率で割り引いて数学的に現在価値化したものだとされた。

ハイエクは、ただちに応戦した。ひとつにナイトはオーストリー学派における資本財の価値につき過去における本源的要素の投入から成るものとみているが、それは過去を振り返る（backward-looking）見方であって、間違いである。本源的生産要素が投下される時点から、消費財が完成する将来時点までを眺める（forward-looking）見方を問わなければならない。資本財に過去どれだけの本源的生産要素が投入されたかは問題ではない。ただしこの場合、資本財を新たに生産するには、「予想」ないし「期待」が伴う。ナイトも予想を重視しているが、資本が生み出す用役を貨幣価値に現在価値化できるとするのは、将来収益につき完全予想を仮定しているからだ。不確実性を市場経済の本質的な要素とみなすなら予想が完全と仮定するのは無意味であり、単純に「恒久的基金」などと言えない。企業家は不確実性に囲まれつつ、価格マージンないし利潤マージンを指標にどの生産段階ないしいずれの事業に貨幣資本を投下すべきなのか判断する存在である。[*31]

複雑現象の理論としての『資本の純粋理論』（一九四一）

少し時間を戻そう。ハイエクは『価格と生産』の考察を、定常的均衡論から始めている。定常的というのは迂回生産の構造に変更がない状態のことであり、消費財生産額が付加価値合計に等しくそれが本源的生産要素に支払われて所得になり、さらにそれが消費財をすべて需要するという安定的な循環の状態である。そして均衡とは、家計の時間選好すなわち消費財需要と貯蓄の選択が、企業の消費財生産と中間生産物生産とに一致する状態を言う。ここで生産構造に変化が生じたとしよう。ハイエクは当時景気循環について、強制貯蓄がもたらす非定常状態すなわち家計の時間選好と信用拡大にもとづく迂回生産とが不一致を起こす恐慌が、自発的貯蓄のように迂回生産の長さこそ変えるものの安定的な循環に至るケースとは異なることだけに注目していた。ところがいくつかの指摘を受け、何らかの与件にも変更が生じているのではないかと思い直すようになる。

銀行の信用拡大のせいで貨幣利子率が自然利子率以下に下がり企業家が生産過程を延長しようとするのに対し、家計が時間選好を変えなければ、一転して生産過程が短縮されてしまうという不均衡が起きる。これが『価格と生産』の主張だった。けれどもそこでは銀行が信用を拡張しただけではなく、価格マージンに従って中間生産財の生産増や生産段階拡張になった企業家の予想がはずれてもいる。つまり『価格と生産』は、企業家の予想がはずれるような与件の変化によって不均衡が生じる議論だったのである。

これを受け一九三七年の論文「経済学と知識」でハイエクは、「主体的均衡」と「市場均衡」とがまったく別の事態を扱っているのだと述べている。主体的均衡は「選択の純粋論理」であるが、それは「個人のたてる諸計画間の単なる相互両立性」であり、形式的であって同義反復である。そこで与件とされるのは、「行為しつつある人の知性のなかに存在する諸事実」のことである。予想が他人によって裏切られることもない。

ところが個別に均衡している諸個人が集まり、市場で相互に作用し始めると、知性の外部から新たな事実が侵入してくる。なぜと言って銀行による信用拡張などで恐慌になると、その過程で予想が外れそれぞれの計画は変更され、主体的均衡も破綻してしまう。そして市場不均衡から予想がはずれると、各経済主体はもともと保有していた情報が不足していたか誤っていたのだと理解して、新たに情報収集に乗りだし予想がはずれた原因を探ろうとする。

だが、とハイエクは言う。それにもかかわらず市場が「均衡に向かう傾向を有する」というのは、経験的命題として正しい。ということは、各経済主体が個別に行っている情報探索活動の結果、企業家のもつ期待は次第次第に事実に向け合致しているはずである。それにもかかわらず、我々はそのための諸条件や個人の知識が変化させられる過程の性質についてほとんど知るところがない。とするならば、かりに価格と限界費用が一致に向かうとして、各々わずかの知識しか持ち合わせない人々がどのような過程を通じてそのために必要な知識を獲得しているのかが説明されねばならない。けれども、経済学者が知っている客観的な事実はすべて企業家も知っていると暗黙に前提されてきたため、この問いは不問に付されてきた。[*32] ハイエクはここで、定常的であることと均衡にあることを分離し、所得が消費と一致しないために迂回生産の段階が変更されるような状態を非定常的、それでもなお予想が的中することを均衡と呼び直している。そして均衡状態における非定常的な動態で、生産構造がどのように変動するのかを検討することにした。予想がはずれて情報の探索を行うという不均衡論は、後回しにしたのだ。

B・J・コールドウェルなどは、ハイエクがこの論文を執筆したことによって一九三〇年代前半までの均衡論を用いた資本理論から離脱し、さらに知識論を展開することで自由論の社会哲学に至ったのだ、と主張している。[*33] けれどもハイエクはこの論文に続くものとして、純粋に均衡論によって資本を論じた最後の書、一九四一年の『資本の純粋理論』を出版する。[*34]

『資本の純粋理論』で扱われる均衡論は非経験的な思考実験である。しかしそれでも検討の価値があるとされたのは、「資本の異質性」が存在するとき何が起きるのか、新古典派によってもマクロ経済学によっても理解されていなかったからである。市場とは、異質でありながらも流用が不可能ではない資本財を、貨幣資本を投じる企業家が移転しつつ活用する場である。これこそが自由経済システムとしての市場の存在意義である。ところが新古典派にせよマクロ経済学にせよ、資本の異質性を認めないせいで市場のそうした特質の理解を端から締め出している。

ハイエクは、資本は異質性を持ちしかし不滅でもないから、転用の可能性が問われるべきだと言う。資本とはそれを構成している実物財の価値とは独立にその大きさを維持しつづけるある所与の価値量であるとか、資本は完全に可動的であって意のままになんらの損失もなく別の形に変換可能であるとか考えるのは間違いである。そうした単純化をやめ、より資本主義の現実に即して、ザラザラと摩擦にさらされながらも転用しうるような資本財や貨幣資本を想定すべきだ、こうハイエクは考える。

企業家は、新規の資本財の製造や現存する資本財の転用、労働との結合を行いつつ、生み出される多数の将来収益のうちどれを選ぶかという問題を解いている。彼らが市場で自由に活動できてこそ、物財としての資本はさまざまに転用され、継続して用いられるのである。

こうしてハイエクは『資本の純粋理論』で、予想が偶然にして合致しているとき、異質ではあるが流用が可能でもある資本財の所与のストックがいかにして有効に使用されるのかを思考実験している。非定常状態における実物タームの均衡論という枠組みで「平均生産期間」が分析された。だがその結果は、出発点となったベーム＝バヴェルクのモデルに比して極めて錯綜したものとなった。『価格と生産』のように貨幣を導入するまでにも至らず、投げ出すようにして叙述は中断される。「私は、……マクロ経済学の基礎全体が誤っていると確信していました。だから、ミクロ経済学に戻るべきだということを論証したいと思ったのです。……この［論証の］仕事は私を当初以上にずっと魅惑するようになりました」[*35]。ハイエクの心はすでに別の方向に向けられていた。

後年、ハイエクはこの錯綜した非定常状態の均衡論を「複雑現象の理論」と称するようになる。それに対し資本を同質とみなしたり主体的にも市場でも均衡すると考えるのは「単純現象の理論」であり、新古典派やケインジアンのモデル分析がそれに当たるのだと言う。複雑現象としての異質性を含んだ資本理論は、均衡論であるにせよ分析があまりにも面倒であるため、思考実験としても放棄せざるを得なくなったのである。

『資本の純粋理論』に費やされた努力はハイエクをして「この主題にあきあき[*36]」するほどのものとなった。オーストリー学派の景気循環論と資本理論は、探究し尽くされていた。とはいえ、その第4部「貨幣経済における利子率」は、ケインズの流動性選好理論を意識したかのような記述を行なっている。ケインズの論点は、利子率が実物的な利潤率と関わらなくなるような状況が、流動性の罠というかたちで存在しうるというものだった。一方ハイエクは、遊休資金が大量に存在するために他の財産形態に比べて保有することに魅力がなくなるケースを考察している。だがそれにもかかわらず貨幣は依然として保有されうるだろう、というのがハイエクの結論であった。

しかしこれは、ケインズへの反論とすれば真意を捉え損ねていると評すべきだろう。ハイエクが論じたのはケインズ的には貨幣をすべて資産に投じるバブルのケースである。ケインズが主張したのは逆で、市場にいったん確信の動揺すなわち「不安」が蔓延すると、人々がリスクを回避しようとする流動性（貨幣）の確保に突進し、消費財であれ投資財であれ需要されなくなるという事態だった。

これが示唆するのは、ハイエクはそもそもケインズの指摘する「不安」の存在を理解できないのかもしれないということである。確信の度合いは関係なく、不安にも楽観にも揺れることなく貨幣を保有しうる人々。そうした人間像をハイエクは終生手放さなかった。それは彼の人生観にもとづくものかもしれない。この話は最終章で再論しよう。

もっとも、与件とされる変数が変化したときに情報探索を通じ他の与件がいかに変化するのかというテーマは、消費性向や投資性向、賃金といったマクロ変数にかんしてはケインズも中心的な考察対象としていた。依然として両者は、近い地点をことさらにすれ違っていた。

「知識の分業」システムとしての市場

第一次大戦の終結とほぼ同時期にロシアで革命が勃発、史上初めての社会主義国が誕生した。一九〇二年、すでにオランダのN・ピアソンは社会主義においても所得を決定するための「価値の問題」は存続するとして、価格機構がなくとも諸財の価値を決定する必要があることを訴えていた。これを受けオーストリアのノイラートやバウアーは、単一で共通の価値単位が存在しないときにも、計算を実物で行いうる可能性を論じた。ミーゼスの一九二〇年の論文「社会主義共同体における経済計算」はこれを批判したもので、ここに社会主義経済計算論争の口火が切られた。

ミーゼスは実物や労働は合理的な経済計算の計算単位にならず、貨幣のみが唯一の客観的単位であること、最終生産物だけでなく中間生産物・生産要素まで価格形成が競争市場でなされなければ資源の合理的利用ができないこと、そして貨幣や中間生産物・生産要素の市場が存在しない社会主義では合理的経済計算は不可能であることを主張した。社会主義国では生産手段が公有されるため、とりわけ中間生産物や生産要素につき市場が消滅し、生産財価格が存在しなくなるという見通しを受けての指摘だった。もともとメンガー以来のオーストリー学派では、社会的分業が発達した社会においては高次財が相互に複雑に連関するとされ、市場価格の導きによって合理的な選択や交換が行われるとされていた。これにもとづく見解であった。

ところがE・バローネがすでに一九〇八年、ワルラス式の需給均衡の連立方程式を解けば中間生産物や生産要素の均衡価格もまたシャドー・プライスとして得られることを論証していた。問題は、どのようにして連立方程式を解くかに移行していた。それが実現すれば社会主義経済においても自由競争市場を再現できることになる。そこでバローネの議論を受け継いだF・M・テイラーやH・D・ディキンソンらはワルラスにならい完全知識を前提しつつ、競争型の社会主義経済（市場社会主義）の可能性を模索していた。ハイエクは一九三五年、これを批判する。

完全な知識を持ち合理的に予見を的中させる経済主体の集まりという想定は、現実とはかけ離れている。財のひとつひとつについての移転費用や修理交換を含むすべての関連ある技術情報、異なる消費財の重要度についての情報を収集するだけでも一大事である。それに加えて複雑極まりない連立方程式を解かねばならないのだ。計算能力が決定的に不足している。複数の経済主体の諸目的から単一の目的関数を合成することも困難である。論理の矛盾はないとしても、実行は不可能だという反論である。

ところがハイエクのこうした「情報収集の不可能性」の指摘に対し、O・ランゲは一九三六年、一般均衡解を得るための試行錯誤法を検討しつつ、中央当局が市場におけるせり人の機能を代行すれば商品の完全なリストを集めることや数十万の連立方程式も不要になると主張した。[*37] それぞれの企業や消費者が自分の技術や欲望について知っており、せり人が試行錯誤的に設定した個々の相対価格に対して各人が限界生産力や限界効用の比を一致させ（主体的均衡）、希望する供給量や需要量を返答しさえすれば、せり人は何も知らなくても構わない。中央計画当局はせり人に徹し、回答を総和して需要と供給を比較し、均衡するまで価格を上下動させればよい。社会に分散している膨大な情報を集中管理する必要はない、と言うのである。資本主義経済においてもワルラス型の完全競争モデルに合致する競争市場が存在し合理的な資源配分がなされているならば、市場社会主義でも同様のメカニズムを利用することが可能だというわけである。

この反論によりハイエクは、現実の市場はワルラスの競争過程とは別のものであること、そして現実の市場によってしか巨大化した現代の経済は秩序づけられないことを示さねばならなくなった。市場を均衡発見のための装置ではなく「知識の分業」システムととらえる一連の仕事は、その課題に応えようとしたものである。

予想がはずれたときに企業家はいかに知識を得て対処し、市場は均衡に向かうのか。とりわけそれは、商品についての知識とは何をさすかをめぐる問題であった。たとえば企業家は「リンゴ」につき、何を知れば利潤を得ることができるのか。リンゴの経済的意味は、生物学的もしくは客観的な定義によって与えられるのではない。リンゴとは、経済的には「バラ科リンゴ属の落葉高木樹の果実」とか、学名の「セイヨウリンゴ」とかではない。

ここでハイエクがたどりついた経済的な知識とは、第一に、「時と所」によって変化する特定の商品についての属性のことである。空荷や半積みで航海しようとしている不定期貨物船の船主や一時的な機会について知る不動産ブローカー、価格の地域差から利益を上げるさや稼ぎ商人は、ある時、ある場所において利ざやを稼ぐのに重要ではあっても、時間と場所が変われば価値を持たなくなる可能性のある具体的な知識を生活の糧としている。リンゴにかんしては、「青森を台風が直撃したため多く落果し、今週は価格が高騰するだろう」といったような「具体的かつ断片的な知識」が重要である。鳥インフルエンザである地域の鶏が大量に殺処分されたとしてもすかさず誰か他の商人が別の場所から鶏を融通して価格が安定したりするのは、そうした知識を利用して利ざやを得るからである。これは「いかにして様々な商品が入手され、使用されうるのかについての知識」である。[*38]

資本理論や景気循環論でハイエクは資本と労働は個々に異質だと述べているが、それは知識論としては、「ある時と場所における特定の状況にかんする知識」として労働も資本も異なっているということだ。ケインズは大量生産の工場労働者を想定したのか労働を同質と見ていたが、ハイエクによれば時と所により、労働も資本も異なっている。ハイエクの想定する企業家は、一定の貨幣資本を持ち、特定の時と所で生産要素の異質性につき自分だけが知る知識を前提に、価格や利子率を指針として資本を投下し利潤を得るような存在である。

これは、ハイエクが計量経済学やマクロ経済学を批判する中心的な論点ともなる。それらの経済学は「大数法則」によって不規則な諸変化が相殺されるような要素を対象とし、それゆえ「統計的な集計量」は一定の安定性をもつとされる。ボイル＝シャルルの法則は、ひとつひとつの分子について何も知らなくとも、大数法則によって気体の体積と圧力のあいだには統計的な規則性が存在するという見通しから発見された。平均的に同質な振る舞いをする分子が無数に存在しているからである。ところが特定の商品を今、どのように移動させれば儲かるのかを知る人の数は、大数法則を適用できるほど十分に多くないというよりも、多くないからこそ利潤を得ることができる。経済において活用されている「ある時と場所における特定の状況にかんする知識」とは、統計の対象とはならない種類の知識なのである。

商品分類システムとしての市場

ところが「特定の時と所にかんする知識」が経済において重要だとしても、それだけで計画経済が機能しないとは言い切れない。なぜなら、そうした知識は現にコンビニエンスストアが店舗間をつなぐ情報ネットワークによって処理しえているからだ。コンビニでは、ある時ある所で雨が降りそうだという天気予報をもとに傘を店頭に置いたりする。またある曜日の何時頃、ある場所の店舗で何が売れるのかをデータから解析し、その商品をより多く発注したりする。それぞれが「特定の時と所にかんする知識」にもとづいて利潤を得る活動であり、計画経済においてもコンビニを模したコンピューター・ネットワークシステムが設置されるなら、そうした情報にもとづいて在庫調整することは論理的には可能である。客観的に定義されたある商品Aに場所iと時間jの情報を加えたAijにつき、中央計画当局が価格と在庫の調整を行えばよい。ハイエクの社会主義批判において不可欠の論点として「特定の時と所にかんする知識」や「知識の分割 division of knowledge」を持ち出す論者がいるが、厳密には誤りである。

そこで第二に、現実の市場では、生物学者の定義や分類に従って取引がなされてなどいないことがある。ハイエクの社会主義批判としては、こちらが決定的な指摘である。「リンゴ」とは生物学者が定義した特定の果実を指す、というのが自然科学的な理解であろう。ワルラス・モデルでは、「リンゴ」とは中央計画当局が定義した果実のことであり、それについてすべての参加者が理解を共有しているものと暗黙に仮定されている。それぞれの人が特定の時と所において知る情報が異なるだけである。だが観察者ないし計画当局がリンゴについてどのような分類の知識を持つとしても、それは当事者の知識ではない。

ハイエクは一九四二年の「社会科学にとっての事実」[*39]で、こう述べている。

道具、食料、薬品、武器、言葉、文章、通信、生産行為といったもの……これらの諸概念はすべて……事物のもつある種の客観的特性に、すなわち観察者がこれらについて見いだしうる特性に関係しているのではなくて、誰か他の人間がこれらの事物について抱いている見方に関係しているのである……。これらの対象を物理的な尺度をもって定義することはできない。なぜならば、そこには一つの群の構成物がもっていなければならない単一の物理的な特性は存在しないからである。……要するに社会科学においては、事物とは人びとがそうだと思うものなのである。

もう一文、引用しておこう。

……人間活動の対象が同種であるか異種であるかとか、または同じ群に属するか異なった群に属するかとかいうことは、観察者がこれらの対象について知っていることにもとづいてではなく、観察されている人がそれについて知っていると観察者が思っていることにもとづいて定まるのである。

何をリンゴと呼ぶかは、市場に参加している人々が習慣により好みにより行ってきた分類に従うのである。築地の水産物市場では、生物学的には誤っているか大した意味のない分類で魚介類が売買されている。商品としての「鯛」は、必ずしも魚について生物学者が行うような分類にもとづく生物名ではない。何を「鯛」と呼ぶかは、人々が習慣により好みにより行ってきた分類によっている。「真鯛」は生物学的に定義された魚類の名称だが、市場では「エボ鯛」や「金目鯛」といった生物学的には「鯛」とは呼べない生物が取引されている。学問的な魚類の異同と、市場で取引される魚類の分類の知識とは別次元のものなのだ。ハマチとブリも、生物学的には同種であるのに、市場では大きさごとに別名を持ち（出世魚）、しかも命名は関東と関西では異なったりする。市場は、慣習としての分類を発生させ、利益をより多くもたらすような分類を普及させる場なのである。市場とは、そうした慣習的な分類を生み出し関係者に共有するよう強いる制度である。

これを生物学的に誤っているとして「正しい」分類で売買させようとするならば、市場は混乱するだろう。それは「設計主義」的なお節介にすぎない。なぜならそうした分類は、生物学的には誤りであれ、顧客の要望を反映しているからだ。リンゴとみかんをフルーツとして同種のうちの代替財として区別するのか、食材とデザートとして別次元で扱うかは人々の欲求にもとづいて市場が判定することである。その意味では、リンゴとみかんを別種の財とみなし、どのような量の組み合わせであれば個人が等しく欲するかといったことを無差別曲線によって記述するところから出発する新古典派経済学の教科書は、市場の役割が終わった地点から経済を描写しようとしている。それらが同種であるか異種であるか、関係が深いか浅いかは、市場が決めることなのである。

似たことを、ハイエクと同郷（オーストリア）の経営学者P・F・ドラッカーも述べている。[*40] 一九三〇年代、キャデラックを製造していたゼネラルモーターズ（GM）の社員は、売れ行き不振に悩んでいた。GMは自動車という客観的なカテゴリーにおいて他のブランド自動車と競合する代替財であるとして輸送手段としての機能を高めたり価格を下げたりといった努力を重ねたのだが、キャデラックの売れ行き低落には歯止めがかからなかったのである。

ここである知恵者が「キャデラックの新車に大枚のドルを支払う者は、輸送手段としての車を買っているのか、それともステータスシンボルを買っているのか」という問いに思い至る。それを受け、キャデラック事業部の主任は「われわれの競争相手はダイヤモンドやミンクのコートだ。顧客が購入するのは、輸送手段ではなくステータスだ」と発想を逆転させた。キャデラックは、顧客の主観においては輸送手段ではなく「ステータスの表示手段」だったのだ。ダイヤモンドやミンクのコートといった代替財とともに、贅沢品というジャンルに配置されていたのである。値段を下げれば売れ行きが低迷しても不思議ではない。そこでより豪華に仕上げ値上げをしたところ、売れ行きはV字回復したという。

このエピソードにおいて、キャデラックをメーカーの開発者の意図を裏切り贅沢品として位置づけたのは消費者であり、売れ行き不振というかたちでそれを示唆したのが市場だった。開発当事者がキャデラックを「輸送手段」として製造したのに、市場は「贅沢品」へとジャンルの分類を読み替えたのである。機能を上げるとしても、輸送手段としてたんに速度を高めるよりもっとゴージャスに見える走り方をしなければならず、ダイヤやミンクが似合うような内装と高級感をもたらす値付けがなされねばならなかったのだ。

商品についての分類を編み変え主観的な編成を行ったり、時と所によりある商品の置かれた状況を利用するのが市場だとすれば、それは中央計画当局にはなしえない市場の機能である。先に挙げたコンビニエンスストアの例でいっても、特定の時と所にかんする膨大な量のデータを収集するまではコンピューター・ネットワークシステムが行うことができる。そこから消費者が求めている新たな商品の分類を行い内容的に近い商品と遠い商品を棚への配列で表現するといった意味を感知する作業は、人間によってしかなしえない。これこそが経済計算論争に対してハイエクが与えた最終的な回答であり、さらにルールによる感覚の分類、法による行為の分類といった方向で後期の『自由の条件』や『法と立法と自由』へとつながる布石となるものであった。

第三部　二つの自由論——進化と危機

第五章　自由の条件と終焉——『自由の条件』と『自由放任の終焉』

前提となる経済論

　ハイエクとケインズが経済学を越えて広く社会を論じるとき、「自由」を中心的なテーマとしたことはよく知られている。ハイエクの名が一般の読書界に知られるようになったのは『隷属への道』（一九四四）によってだったし、後半生においては社会思想にかんする膨大な知見を駆使した『自由の条件』（一九六〇）を刊行、さらにそれを補完する三部作『法と立法と自由』（一九七三—七九）の完成に心血を注いだ。一方ケインズは、自由を論じたまとまった論考としては「私は自由党員か」（一九二五）や『自由放任の終焉』（一九二六）が目立つ程度ではあるが、後者はわざわざパンフレットの形で出版している。けれども二人は経済学とは別に政治や文化の次元で自由を論じたわけではない。経済における自由とは何かを突き詰めた結果、それぞれの自由論を出版するに至ったのである。

ハイエクから見ていこう。彼の場合、経済計算論争に加わり『隷属への道』で世間的な名声も得たのだから自由論を後半生のテーマにしたのは自然な成り行きと思われるかもしれない。実際、『自由の条件』、『法と立法と自由』と続く圧巻の二冊は、自由の分類・定義に始まり西欧思想史の祖述、具体的な政策の意義の検討まで、堂々たる政治思想の体裁をとっている。だがそれでも彼の自由論は、あくまで前半生で突き詰めた資本理論・知識論の延長に置かれたものだった。つまり新たなステージに進んだと言えるとしても、それは資本理論や知識論を補強するための歩みなのであった。

ここまでの彼の思索の履歴を確認しておこう。

初期の資本理論においては、企業家が個人的に知っている情報を相対価格や貨幣利子率に照らし合わせ、手持ちの貨幣によって自由に資本財や労働・土地といった本源的生産要素を購入し新たな資本財や中間生産物を製造し販売することで経済は循環するとみなされた。そしてその循環は信用拡張がある場合に限り瓦解し恐慌を引き起こすから、それを防ぐためには中央銀行と民間銀行の双方が恣意的な信用創造をしないよう、早期に金融引き締めを行うべきとしていた。

これに対し政府の恣意的な活動の極致である社会主義的計画経済は、当初は個人の自由を抑圧するからというよりも、生産要素を適所に配分するために必要な断片的かつ個人的な情報のすべてを計画当局が集約することができないという理由から、拒否された。その点では、政治的自由や個人的な自由の抑圧が許し難いとする政治学的な自由論とは、出発点での発想がすでに異なっている。

転機は、ランゲのハイエク批判によって与えられた。計画当局はワルラスの想定にしたがってせり人の役割を務め、相対価格の調整を行いさえすれば情報を集める必要がなく、各人が分権的に自分のもつ技術や欲望、それに付随する知識を活用しさえすれば効率的に資源配分することができるとランゲは指摘した。そのような市場社会主義のもとでは個々人が相対価格だけを睨んで自由に経済活動しうるのだから個人的な自由は満たされているし、実物的な交換が仮構されているから貨幣経済ゆえに起こりうる恐慌の心配もない。

机上の論理にはすぎないもののこの反論は強力で、それ以降ハイエクは相対価格や利率、銀行への規制だけを指針として個々の企業家が自由に活動すれば良いとは軽々に言えなくなった。市場には需給の調整だけでない機能が求められることになったのである。

そこでハイエクが切り出したのが、企業家は相互に相対価格以外の情報交換を行う、というアイデアであった。そもそも恐慌は、企業家からすれば期待が外れた結果起きたのである。そこでコミュニケーションという社会関係が結ばれれば、与件としての知識に変化が生じる。市場の側も、生産要素や商品にかんする主観的な分類につき再編を行い、競争を通じて、そのなかから最適な規則を発見し普及させる働きをする。市場は生物学的に正しい分類としての「リンゴ」の需給を配分するだけではなく、「甘い」リンゴが欲求されているという情報からインドリンゴという分類を新たに設けるよう仕向けたり、本日の台風でリンゴが東京で品不足になったから至急配送すれば儲かるといった情報を伝えることで在庫調整をさせたりする、すなわち「発見プロセスとしての競争」を核心としている。

『自由の条件』以降の自由論は、そうしたハイエク経済学を基礎として築かれた。それゆえ外見上はオーソドックスな政治哲学風の自由論に見える書き方がなされていても、込められた含意には資本理論以来の独特の経済学があり、それを汲み取らない読み方をする読者には混乱を与えるだろう。

自由の定義と帰結主義

自由の定義から見ていこう。ハイエクは『自由の条件』で、自由について規定している。[*1] 自由とは「社会において、一部の人が他の一部の人によって強制されることができるかぎり少ない人間の状態」と言うのである。これは立法や行政に参加する自由という意味での「政治的自由」ではない。感情や道徳・知的な弱さからの自由、すなわち「内面（形而上学）的自由」でもないし、物理的因果法則をも超越した自由意思といったドイツ観念論的な自由でもない。[*2]

比較的近いのはR・ノージックらリバタリアンが求めるような、ある人が他人の恣意的な強制に服していない状態、ないしあらゆる権利や自由が個々人に平等に保障された状態という意味での「個人的自由」である。ハイエクの言う自由もまた個人的自由の一種と思われるが、けれどもそれは個人が自由であること自体を目的とみなすカント的な義務論ではない。自由は手段的な価値しかもたないとされるのである。彼は続けて述べている。「重要なことは、わたくしが個人的にどんな自由を行使したいかではなくて、社会にとって有益なことをおこなうためにある個人がどのような自由を必要とするのであろうかである」。[*3]

では、「社会にとって有益なこと」とは何か。それについてはこう説明されている。

多くの人びとによる努力の相互の調整によって、個人が所有する以上の知識、あるいは知的に統合することのできる以上の知識が利用される。そしてこの散在した知識をこのように利用することにより、ある一個人が洞察できる以上のことが達成可能となる。自由とは個人の努力にたいする直接的統制の放棄を意味するからこそ、自由社会はもっとも賢明な支配者の頭脳が包含するよりもはるかに多くの知識を利用することができるのである。[*4]

これはつまり「発見プロセスとしての競争」こそが優先されるということであり、個人的自由は市場を有効に機能させるための条件だとの宣言である。『自由の条件』は自由論を主題としており、『法と立法と自由』は正義論（社会的正義批判）が中心的テーマである。それゆえ政治哲学者や法哲学者には、ハイエクの自由論がカント的な義務論なのかそれとも自由には「社会にとって有益なこと」を達成するための手段的な価値しか認めない帰結主義なのか、といった点で関心を持たれるようになった。[*5] もちろんハイエクは、自由に手段的価値しか認めない点では帰結主義者的ではある。けれどもJ・グレイが『ハイエクの自由論』でハイエクをカント主義者と解釈したことに触れ、ハイエクがグレイに直接「いいえ、それを正当だとするには私はあまりにも少ししかカントを知らない」と応えたとされる。[*6] ハイエクは当初、政治哲学の文脈で自身の思想が理解されることに戸惑いを覚えていたらしいのだ。

けれども帰結主義がいったん視野に入ると、ハイエクは意外なほどこれに拘泥している。というのもハイエクの知識論は、市場が商品の分類について再編したりそれを慣行として普及させるとして、その結果を個々人があらかじめ知ってはいないからこそ市場は不可欠であるという構成をもったからだ。市場社会主義を否認する彼にとってそれは当然の主張だったのだが、しかしではどのような帰結に彼が与したのかといえば、それは通常の帰結主義とは異なる理論構成であるため、話は錯綜する。帰結主義であるからには帰結が予想可能でなければならないのだが、ハイエクは「分類の再編」や「慣行の普及」は市場がなすことであり、その帰結が人間には不明だからこそ市場に頼るしかないとする。つまりハイエクは「社会にとって有益なこと」を自由の目的にするという意味では形式的に帰結主義者なのだが、帰結の実態を知り得ないと強調する点では帰結主義者としても変則に属しているのである。

不確実性と法

さて帰結主義の典型例は、功利主義である。なかでも行為功利主義は、個々の行為の価値を行為の帰結である快楽と苦痛の差し引きから計算し、快楽のより多い行為を選択すべきとする立場である。ハイエクはこの行為功利主義を批判している。行為のいくつもの結果を計算するには、結果のすべてが行為者に熟知されていなければならない。みなが顔見知りであり情報量の少ない「小さな社会」ならば行為の帰結にある程度まで察しがつくとしても、無数のしかも未知の人々からなる「大きな社会」においては行為には無数の結果が伴い、それぞれにかかわるすべての個別的な情報を単独の個人が集めて把握することは不可能である。ハイエクの場合、だからこそ市場が必要だという理屈になるのだから、帰結が判明しているのか否かは死活問題であった。

この将来に生じることが未知だという点に注目し、現在の行為の是非を問う論者が他にもいた。他ならぬケインズである。彼は若き日より、功利主義を蛇蝎《だかつ》のごとく嫌っていた。功利主義が快楽計算などという下品で小賢《こざか》しい思考法であることもさりながら、何よりそれが「社会の利益のため」として現在の道徳や慣行を正当化してしまう点に腹を据えかねたのである。その怒りは哲学の師ムーアにも及び、同じく将来が未知であり不確実だという地点から出発したにもかかわらず、現在の道徳や慣行に従うべきだと結論したのは決定的な誤りだとして、その論理を批判する浩瀚《こうかん》な『確率論』を出版したのだった。

既述の通り同書でケインズは帰納法を採用し、ある程度の確実性で帰結が直覚されるという直覚主義を唱えたのだが、それは道徳や慣行、法が持つような一般性・原理性に反するような恣意性（便宜）を擁護し、状況にかんし直観的な判断を下しうる為政者が権力を行使すべしという主張につながった。ケインズは「若き日の信条」の一節で、こう述べている。

われわれ（ケインズたち―引用者注）は、一般的ルールに従うべしというわれわれに課された個人的責任を全面的に拒否した。われわれは、個々のケースをすべてそのメリットにもとづいて判断する権利を主張し、また立派に判断できる知恵と経験と自制心を備えていると主張した。

そしてハイエクは『法と立法と自由』で、まさにこの一節を唾棄すべき主張の例として引用している。[*7] それは自由を蝕み「法の支配」を侵すと言うのである。だがハイエクの言う法とは何なのだろうか。それは個人の自由を拘束する規制なのだとすれば、個人的自由に反することになるのではないか。実際ケインズは、道徳や慣行といったルールは精神の自由を縛るという理由で拒否したのだから。こうしてハイエクには、個人の自由と矛盾しない道徳や伝統、法とは何かを探究することが次の課題となった。

ルールと秩序

ハイエクは近代世界が、所属する個々人が対面しうる程度の大きさの「小さな社会 Face to Face Society」から対面不可能となった「大きな社会 Great Society」に移行したことで始まった、としている。前者においては所属する人間の数も少数だから、彼らは具体的な共通目的をもつことによって統合されうるし、経済活動も、中央集権的に行われうる。その秩序は「戦場の秩序のようなつくられた」もので、「タクシス taxis」と呼ばれる。社会に散在する具体的で個人的な知識の絶対量も中央で管理しうる程度に少ないため、商品につき求められている主観的分類が何であるかも、特定の人間が理解可能である。

そして近代への移行は、人類史をたどり返せば部族コミュニティ内部に始まったのではなく、未知の他部族からお返しをもらえることを期待して贈り物を境界地に置く沈黙交易に始まったのではないか、とハイエクは推測している。*8 沈黙交易によって未知の人と出会わなければ紛争にならないし、交易からは利益を得ることができる。そうした交易の経験は港や市での商いの実践につながり、そこから生まれた商慣習が法の原型だと言う。目的へ向けての「〜せよ」ではなく手段について「〜してはならない」という禁止の形で普遍的な行動ルールを構成し保護領域の境界線を定めれば、「塀が良くできていれば近所づきあいも巧くゆく*9」というわけである。

自由社会において目的は多種多様で、各人が自由に追求している。そして活動が相互にぶつかり合い紛争が起きるとき、回避したり収拾するために法が必要になる。人々の共有すべき法は、「目的」ではなく手段である（それゆえハイエクは、共通善が目的として共有されるコミュニティを重視するコミュニタリアンではない）。手段はどの目的に貢献するか分からないから、ある程度まで合意可能である。法は自他の行動が干渉し合わないよう共有される。

ただしこうして採用される法は、紛争を避けるという消極的なものであっても、個人の自由にとっては拘束であるには違いない。ここでハイエクは、個人の拘束とはならない規制につき思索を進める。その源泉となったのが、『感覚秩序』であった。第六章で詳述するが、ハイエクによれば感覚を統御するルールは人々を拘束する母語の文法のようなもので、潜在意識において我々を規制しはするが、我々は文法に従ってしか自由に言葉を表現できず、従うといっても拘束と感じることはない。文法に従わない文章は自由ではなく、無秩序である。彼は自由をもっとも実現し、秩序を生成させるような規律こそが必要と考えていた。ハイエクにとって道徳や慣行を拘束として投げ捨てるケインズは、文法を縛りだとして無秩序な言葉を喋る前衛文学者のようなものに映ったのではないか。

ハイエクによればそうしたルールが紛争に際し裁判官によって言語化されると、慣習法になる。商品の分類というルールを明示化するのが市場ならば、それ以外のルールを法として表現するのが裁判なのである。市場と裁判は、商品や行為につき新たな分類を生成する制度である。ハイエクの自由論は、このように法論および市場論と結びつけて語られるべきものだ。

ハイエクは資本理論から自由論に歩を進めるにつれ、定常的均衡といった経済学用語を使わなくなり、代わりに「自生的秩序 spontaneous order」を掲げるようになる。「秩序」は、こう定義される。「さまざまな種類の多様な諸要素が相互に密接に関係しあっているので、われわれが全体の空間的時間的なある一部分を知ることから残りの部分にかんする正確な予想、または少なくとも正しさを証明できる可能性の大きい予想をもちうる事象の状態」[*10]である。

この「秩序」の定義では、時間的空間的にある一部分を占めていさえすれば将来や他の場所にかんし予見可能性が高くなる状態が秩序と呼ばれる。これはちょうど、「特定の時と所」で断片的な知識を持っていれば市場均衡に向かうという市場知識論とも、銀行の信用拡張に規制を施すことができれば定常的均衡を維持しうるという資本理論とも同型の表現になっている。共通するのが、そこでは予想が的中しやすくなっているという点である。とはいえ資本理論の段階のハイエクにとって、規制は中央銀行・民間銀行に課せられるべきものに過ぎなかった。それと比べれば自生的秩序は法全般や慣行など諸ルールに従いつつ自由を行使した結果として社会にもたらされるものである。価格や規制だけでなく諸ルールの拘束も受けることで、自由な社会は個人の予想の実現可能性が高まるのである。市場において経験的に存在が認められるとされる定常的均衡は、自生的秩序の一形態だということになろう。ハイエクはそれをタクシスと対立する概念でとらえ「コスモスcosmos」と呼ぶ。

「法の支配」の特徴

さて人間が潜在的に従っているルールを法にしたものが現実に存在する、とハイエクは言う。イングランドのコモン・ローである。中世以来のコモン・ローの伝統では、イングランドの司法において裁判官は紛争ごとに前例や慣行から新しい判例に適用できる普遍的意義をもったルールを引き出す努力を積み重ねてきた。そうした積み重ねにおいて法は人々が意識もせずに従っている規律として発見され、市場や社会に秩序を自生させた。

ハイエクはそのようなコモン・ローの伝統の特質が「法の支配」に存するとし、その性格について注釈を三つ加えている。[*11]

第一に法は抽象性・一般性を有し、特定の人や場所または目的を指定しない。つまりそれは具体的な行為を命ずる「命令」ではなく、その規則に従う限りで人々は自由に意思決定できる。自由な社会において、法に従いさえすれば、私的な領域で何を行おうと誰にも許可を求める必要がない。その意味で人々は自由なのである。中世までの慣行では、たとえば服飾にも細かい儀礼的意味やタブーがあって自由な選択が許されなかったが、それとは対照的である。

第二に法は確実であり、知られていなければならない。ここで言う法の確実性とは、裁判の結果がおおよそ予測できるということを指している。紛争は、法が何を述べようとしているのか不明確で、当事者の理解が互いに異なるからこそ起きる。法の内容が確実であるならば、裁判官がどのような判定を下すのかについて双方の理解が近いものとなるから、訴訟にいたらない可能性が高い。だが法の内容は、すべてが明文化されているわけではない。それだけに不確実性が残るのだが、法が暗黙のうちに何を含意しているのかは裁判の過程で明らかになる。

第三に、いかなる法律もすべての人にたいし等しく適用されねばならない。これは、人により法律が異なるやり方で適用されてはならないということである。

「法の支配」は、以上のように個人を拘束するだけではない。むしろ政府が恣意的に権力を振るわぬよう、権力に限界を画するものでなければならない。そこでハイエクは、法が立法府によって創造されるものではなく、司法により発見されるものとしている。「法の支配」とは、立法府が可決し個人を規制する法にかんする概念ではなく、立法のあり方を規定する原則（超―法的原則）なのである。それゆえ政府こそが法の支配を受けねばならない。行政には一定の範囲では自由裁量が認められるが、市民には平等に扱われていると いう認識が定着していなければならない。これを保障するには、政府から独立の司法が存在し行政の行動を再審理することとなる。こうして「権力の分立」が要請される。

紛争では得する人と損する人が生まれるから、一部の期待は保護するが別の一部は裏切ってしまう。ここで特定の人に利益を誘導するよう恣意的に法が作り直されるとき、法は歪む。そこで議会によっても利益集団によっても権力が法を曲げることのないよう創出されたのが、自由主義立憲制度における立法府・司法府・行政府という権力の相互規制モデルである。これは憲法により個人の自由を保障し統治には制限を加えようとするもので、アメリカ憲法の起草者がイギリスの制限憲法の概念にもとづいて実現しようとしたとハイエクは述べている。

以上、法の有するべき属性には一般性、確実性、および平等な適用があり、政府もまた法により拘束されるよう権力が分立している。そのように「法の支配」が確立している状態につき、ハイエクは社会が自由だと表現するのである。

コモン・ローは不文の慣習法であり、そこから導かれる法を制定法として成文化することとは英米でも行われているが、制定法は判例の追記もしくは正誤表的な位置づけにすぎない。ところが議会が「主権」を有するとの理解が広まると、立法が追記や正誤表以上の役割を法に求めるようになる。そのような立法の立場を、多数決で人民の意思が表明された（社会契約）とか功利の総和を最大化する（功利主義）とかの理屈で正当化するのが、設計主義である。ハイエクは資本理論では中央銀行による金融緩和や民間の信用拡大を批判し、経済計算論争では社会主義的計画の不可能性を指摘したのだが、法の支配にかんしては設計主義を論敵とみなしている。

小集団においてのみ可能であった中央集権的な経済運営を、大規模な社会にも応用しようとするのが設計主義的合理主義だとハイエクは言う。それが幻想であるのは、中央集権権力は人々が求める主観的な商品分類を競争を通じて発見することができないからであり、抑圧でもあるのは、共通目的なるものを合意なしに押しつけるからである。

こうしてノモス（自生的法秩序）はテシス（実定法秩序）へ、コスモス（自生した秩序）はタクシス（作られた秩序）へ、法に従う「真の個人主義」は法を設計しようとする「偽の個人主義」へ、「法の支配」は「人の支配」へ、進化は理性へと変質してゆく。自由主義の変質は、社会主義ないし全体主義への道を拓くことになる。ハイエクはその分岐点が、法を万人に適用される原理ではなく一部もしくは多数者の利益であって構わないとする「交渉民主主義 bargaining democracy」にあったと見る。報酬を他人に対するサービスの価値にではなく功績に一致させようとするメリット（功績）主義も、適正な再配分の基準が存在しうるとみなす社会正義論も、法の支配に反するとして危険視される。法学においても、実定法以外のもの（慣習や伝統など）を法論に持ち込んではならないとするH・ケルゼンの法実証主義も危険視される。社会主義との思想闘争に勝利したはずのハイエクではあったが、民主主義やそれに追随する福祉主義が自由の敵として浮上したのである。

不確実性と政治介入

では、自由放任を批判するケインズの『自由放任の終焉』はどうか。この小冊子が出版されたのは一九二六年だから、ケインズがイギリスに向け金本位制からの離脱と管理通貨制の採用を訴えた『貨幣改革論』を刊行し、次回作『貨幣論』の構想を練っていた時期に当たる。大恐慌は到来していなかったが、二年前の一九二四年のイギリスでは不況から一〇〇万人以上が失業しており、総選挙で保守党が四〇〇人を越える大勝、労働党も一五〇名余りを当選させ、対するにケインズの支持した自由党は四〇名と大敗した。保守党内閣の大蔵相チャーチルはイギリスの威信をかけ翌年には金本位制への復帰を果たし、不況は一層深刻さを増していた。その原因を資本の海外逃避にあると見たケインズは、国内での投資を活発化させるべく、同書では政府介入の論陣を張ったのである。

一九世紀のヨーロッパを席巻した自由放任主義はすでに隘路《あいろ》にはまっている、とケインズは切り出している。ケインズによれば、一九世紀には思想上の奇妙な野合が見られた。仇敵であるはずのロックやヒューム、バークの個人主義が、ルソーやペイリー、ベンサムおよびゴドウィンの民主的平等主義と調和して、自由放任主義が台頭したのである。何故、そんな光景が現れることになったのか。仲を取り持ったのは、スミス以降の経済学者だった。スミスは人々の自己利益の追求が、自然法の作用によって公共の利益の増進をもたらすと唱えた。それに続く経済学者たち、なかでもベンサムがこの命題に科学的装いを与え、自由放任の原則は個人主義と社会正義を調停すると主張するようになる。「『実業家business man』は、まさに自己の私的利潤を追求するだけで、哲学者の唱える『最高善summum bonum』を達成することが可能になった」とみなしたわけである。

だがこの原則も、長続きしなかった。自由放任が公共の利益をもたらすには「条件」があるが、それが現実にそぐわなくなったのである。ケインズはここで、六つの「非現実的想定」を列挙する。

・効率的な生産単位が消費単位よりも相対的に大きいとき。
・共通費用ないし結合費用が存在するとき。

・内部経済のために生産の大規模化が有利になるとき。
・調整期間が長いとき。
・無知が知識以上にはびこるとき。
・独占とカルテルが取引の平等を妨げるとき。

以上、六つの状況である。これらの現実はいずれも中小企業の競争が最適な価格や供給をもたらすという想定の前提を覆してしまい、「企業家に任せておけば手を取って天国に導いてくれるのか疑問」になり、「世界は私的利害と社会的利害とが常に一致するように天上から統治されているわけではない」。したがって個人主義よりも「個々人が一つの社会単位にまとまっている」ことが推奨される、と言うのである。具体的な経済政策としては、通貨及び信用の中央機関による管理、企業実態の把握、貯蓄と投資の調整、人口政策等が挙げられる。人々の集まりとしての中間集団にも期待がかけられた。

もっとも『貨幣改革論』と『貨幣論』では中央銀行が利子率を操作することで物価の変動を抑えることを説いていたから、この結論は想像が付く。とりわけ国際金本位制のルールがすでに守られていないことが、金本位制からの離脱と金融政策の必要を説く理由となっていた。しかもここで述べられるように実物経済における不完全競争が最適な経済状態をもたらさないという認識は、資産市場においても不完全競争が支配的という理解と表裏一体のものかもしれない。それでこそ中央銀行が独占的に貸付利子率を操作できるのだから。

「現代における最大の経済悪は、危険、不確実性、無知に原因するところが多い」という指摘も興味深い。不確実性のもと、個人が自由に営む経済活動は全体の利益を最大化しないということは、『一般理論』で中心的な主張に浮上する命題である。『確率論』でのケインズは、不確実性が高まっても帰納法により将来は直覚されるとしていた。『貨幣改革論』も、およそ自由市場への信頼を基調としている。だがここでは個人を中心とする経済活動だけでは利益は最大化されないと述べるに至っている。それは多くの人にとって、帰納法が成り立たないほど不確実性が高まり、確信の持てない社会状況に立ち至ったということであろう。そしてケインズは、将来に重みを感じられず不安が蔓延し貨幣愛によって企業が資金不足に苛《さいな》まれる社会を、国家による投資の計画化によって救おうとしたのだった。為政者だけはいまだ健全な直覚を保持できていると考えたのだろう。それが為政者による恣意的な政策に信を置きつつも人々の日常の営みに目を向け始めたこの時期のケインズの立場であろう。

一方、ハイエクにおいては、経済主体の無知や規模の大きさ、貨幣愛などは存在が理解されてはいても、経済社会にとっての根本問題としては表面化しない。概してハイエクの市場には、不確実性にさらされても貨幣を退蔵したままで市場から離脱するという「流動性の罠」に陥る人は滅多におらず、多くの企業家は機会を求めて活動すると考えられている。ハイエクはルールに従うと秩序が自生し、そこでは予想はおおむね的中するとしていたのだから、この不確実性にかんする判断は対照的ではある。

ハイエクにとって市場とは、消費者に利益を与え評価を勝ち取るよう、企業家が資本財を様々に転用していくようなゲームである。その過程を通じ、消費財や資本財、中間生産物の何が同じで何が異なるかという識別の規則が編み変えられていく。そうした機能を市場が果たす限りで、企業規模の大小は問題視されない。

一方ケインズにとって貨幣経済がそのように順調に機能を果たすのは、人々が「確信の重み」を得ている場合に限られる。確信が揺らぐとき、貨幣は流通しなくなったり(=恐慌)過剰に流通したり(=バブル)する。そして、政策当局の発言や実際に取られる対策により期待が収束も発散もするものとみなし、哲人的な為政者に期待を託している。

つまるところ両者の相違は、市場に確信を拡げる起点が為政者であるのか、それとも慣行や伝統、法や人々の対話であるのかにある。ケインズにとっては巷の対話にもとづく投機が社会心理を不安定に陥れ群衆心理は恐慌やバブルを生み、ハイエクは為政者の介入こそが市場に波紋を起こしそれはやがて恐慌に至ると見た。

両者はともに、自由主義は変質を余儀なくされたと結論している。だがそれは、ハイエクの言うように設計主義のせいなのか、ケインズの注目するように不確実性のせいなのか。そしてそれらに抗するために、どのような制度が必要になるのか。通貨制度についての彼らの見解に目を転じよう。

第六章　通貨機構論における対立──「国家的自給」と『貨幣発行自由化論』

ケインズの国際経済機構論

一九一三年の『インドの通貨と金融』以来、ケインズは一貫して国際金本位制と国内経済のかかわりを論じている。晩年にはIMF協定の締結と発効に至る過程で一九四一年から翌年にかけ、「国際清算同盟」構想を内容とする私案を提出した。その実現にかける情熱にはなみなみならぬものがあり、草稿の書き直しを七度行い、しかしアメリカの「ホワイト案」（国際安定基金案）に敗れて、一九四六年に亡くなった。その経済観は終始、国際通貨問題と密接な関係にあった。

ケインズの主張は、国際均衡よりも国内均衡を重視するという立場で一貫している。「重視する」というのは、金本位制によって結びつけられていた国内経済と国際経済をなんらかの形で切り離し、その上で国内経済を安定させるための経済政策を施行するということである。

国内均衡のとらえ方について、『貨幣改革論』では市場均衡論と貨幣数量説に従っていた。しかし『貨幣論』では投資と貯蓄の差額により物価が決定される基本方程式を導出、さらに『一般理論』では不況において不完全雇用のまま市場が均衡するという論理を見出し、金融財政政策によって景気を調整するという立場に到達した。これらは市場のとらえ方としては異なっていたが、国内均衡のあり方を探る点では共通している。

一方、国際金本位制には、各国の中央銀行が金地金との兌換を保証して通貨を流通させる国内面と、貿易や資本の取引の差額（貿易収支と資本収支）に応じて金が国境を越えて流出入する国際面とがある。各国の中央銀行が自国通貨と金との間で保証する交換比率によって通貨間の交換比率も固定されたことになるから、それは一種の固定相場制でもあった。

金本位制は一九世紀末には国際通貨体制として確立したが、銀行制度の発達とともに期待された通りには機能しなくなっていた。そこでケインズは、金本位制が形骸化したとの判断からイギリスが離脱することを求め、そうできない場合には次善の策を唱えた。金本位制がアメリカによる不胎化政策のため本来の働きをしていないと見るや管理通貨制度に置き換えるべきとし、貨幣価値の変動や投資の投機化、資本が海外へ逃避するといった事態にも次々と対策を打ち出した。こうした提言も素早さにおいて徹底している。

『貨幣改革論』から『貨幣論』そして『一般理論』まで、ケインズの理論体系はめまぐるしく変容した。また「自由貿易」と「保護主義」を対立させる見方からするならば、一九二〇年代から三〇年代にかけて、ケインズは国際貿易にかんしても、次々とその立場を変えている。外見上、彼の主張は「ぶれ」たかに思われたかもしれない。だがそれは、状況にかかわりなく一方の原理にしがみつくタイプの人にはそう見えたというのにすぎない。彼のカメレオンのごとき変貌ぶりはあくまで経済環境の危機に応じてのことであり、関心や対策についてはぶれがなかった。状況判断に応じ、ケインズは時には自由貿易を唱え、時には自由放任の制限を訴えたのである。

ただし例外がある。ケインズは『貨幣改革論』と『貨幣論』において、それぞれ購買力平価説と国際収支勘定を検討した。つまり国際経済を直視しているのだが、それに比べて『一般理論』ではそれらに相当する考察がない、つまり国際経済への視線を欠いた閉鎖経済論だと言われている。けれども『一般理論』だけが例外的に国際経済論をもっていないとは考えにくい。明示されていないだけで、国際経済と連動していることが暗に仮定されている議論なのではないか。

そこで注目されるのが、一九三六年の『一般理論』出版前の三三年、ダブリン大学での講演をもとにケインズが自ら出版に携わっていた『ニュー・ステイツマン・アンド・ネイション』誌に書いた「国家的自給」と題する論文である。[*1]

イギリスは一九二五年、旧平価で金本位制へ復帰したが、旧平価は当時のイギリスにとってポンド高すぎ、高金利政策によってポンド需要を高めることを余儀なくされた。そしてポンド高と高金利により、輸出産業は不振に陥った。加えて一九三〇年代に大不況が世界を覆うと、ケインズは緊急かつ一時的な非常手段と断りつつ、収入関税を提案する。しかしイギリスが一九三一年九月に金本位制から離脱し変動相場のもとでポンド安が進むと、一転して収入関税案を撤回する。けれども一方で国際通貨制度の復興を目指した一九三三年の世界経済会議は失敗に終わった。その直後に執筆されたのが、保護主義を唱えた「国家的自給」なる論考であった。そして晩年には「国際清算同盟」を構想するのである。論文「国家的自給」が仮に『一般理論』の国際経済論だとすれば、ケインズの国際通貨・貿易論の欠けたワンピースが揃うことになる。では彼は国際経済にかんしどんな見通しを持っていたことになるのか。時系列で俯瞰しておこう。[*2]

ケインズにおける国際経済政策の変遷

一九二〇年代初頭のケインズは、マーシャルの主張を受け継いだかのように自由貿易の擁護を唱えていた。一九二三年の総選挙に際しボールドウィン率いる保守党が失業対策として輸入関税の導入を唱えると、自由党員であるケインズは、「自由貿易」[*3]と題する論文を発表してこれに対抗した。

ケインズは、自由貿易は二つの原則からなるとしている。第一は「比較優位原理」。「わが国が相対的に他の国民より効率的に行いうる貿易に資本と労働を雇用し、これらの貿易財をわが国が相対的に効率的に生産しえない財と交換することが望ましい」。ただしこれには例外があり、比較優位の原則にそぐわず生産を外国に頼れないものとして非経済的な理由から農業、安全の観点から基幹産業、幼稚産業保護の観点から自動車産業が挙げられているが、いずれも既存の保護措置で十分に守られているとする。

第二は、「輸出は（外国から財を購入することに用いられる）わが国の所得」に相当するという原則。輸出した額だけ輸入できるなら、保護主義は貿易を縮小させ、自由貿易は拡張する。それゆえ保護貿易が「失業を救済しうるという主張は、最もひどい、最も粗雑な形での保護主義の誤謬を表わしている」[*4]。

ところが一九三一年になるとケインズは一転して収入関税の導入を訴え、「収入関税のための諸提案」を発表する。[5]これは自由貿易に対する強固な信念の持ち主とみなされていただけに大きな反響を呼び、同時に自由貿易論者として同志であったロビンズやベヴァレッジから裏切りを糾弾される。

ケインズの論拠は次のようなものであった。すなわち、生産要素が完全雇用されている状態で関税を導入したなら雇用を改善することにはならない。効率的な生産要素の配分状態を破壊し、生産要素を非効率的な状態へと移動させるだけだからだ。だがイギリスは一九二五年に旧平価で金本位制へ復帰したため高金利を維持せざるをえなくなり、ポンド高もあいまって輸出産業は不振を極め、失業の深刻化と国際収支の悪化に苛まれていた。そのような不完全雇用の状態においては、関税の導入は確実に生産を純増させる。

ただしケインズは、収入関税はあくまで緊急措置的につまり短期的にのみ失業対策として導入されるべきで、長期的には不健全なものとみなした。また一九二九年以来の大不況の原因として、イギリスに代わる債権国であり、世界の金の$\frac{1}{2}$を保有するアメリカと$\frac{1}{4}$を保有するフランスが金を退蔵するのみで、かつてのイギリスのようには対外貸し出しをしないことがあるとみた。金が集中するアメリカとフランスがイギリスに投資すれば、イギリスの雇用は拡大しただろう。しかし二国が金を退蔵し財の購買に使わないから両国内で物価騰貴は起きず、全体としても物価は下落している。そして両国以外の輸出や生産は伸びない。国際経済において流動性の罠が起き、しかも金本位制のルールを黒字(債権)国が守らないこと、それが大不況の原因だと言うのである。そこでケインズは国際経済からの圧力を緩和するため、関税を導入すべしと訴えたのだった。

だがイギリスが一九三一年九月に金本位制から離脱すると、ケインズは一転して収入関税案を撤回する。「短期的」な危機は去ったと判断したのであろう。そして変動相場のもとでポンド安が進むとイギリス国内の費用水準が外国に比べて下がり、諸外国と比較して妥当な水準まで調整されることが予想された。為替レートの変動への期待から、金本位制下での次善の策としての収入関税案は引っ込められることとなったのである。

だがイギリス経済は、為替レートの変動だけでは期待通りには回復しなかった。そこでケインズは、一九四一年から翌年にかけて中央銀行間の多角決済案を盛り込む「国際清算同盟案」を構想し、これをIMF協定で実現しようと交渉に臨んだ。これがケインズにとって理想的な国際通貨制度であるとすれば、金本位制からの離脱から理想が実現するまでの期間、過渡期的な措置が必要となる。そのために一九三三年にケインズが執筆したのが「国家的自給」だったと思われるのである。

ケインズは「国家的自給」で、まず二三年の「自由貿易」の立場をなぜ捨てるのかを述べている。「私の思考の方向が変化したのである。そして、この変化は他の多くの人々とも共有している。その背景にあるのは、経済理論の修正である」。では、ここで言う「経済理論の修正」とは何のことか。

『一般理論』の成立過程に目を向けてみよう。ケインズは『一般理論』の出版に向け、原稿を完成させてから出版社に一括して手渡したのではない。一九三四年夏から何回かに分けて執筆、断片的な校正ゲラを受け取っては修正し、返却するということを繰り返した。[*6] つまり三四年には、『一般理論』の内容は固まっていたのである。

では前年に当たる一九三三年はどうだったか。この年ケインズは、「雇用の貨幣理論」および異なる内容を持つ二つの「雇用の一般理論」の計三編の草稿を残している。ここでケインズは「会計期間」という期間概念を導入し、その上で総需要関数と総供給関数による雇用量の決定やその安定性を検討している。[*7] さらにモグリッジが「かれは、その講義内容を前年度とは著しく変えていた」と評した同年秋から年末にかけてのケンブリッジ大学での講義において、消費関数にかんする「基本的心理法則」や乗数理論を講じている。つまり一九三三年は、完全雇用を常態とみなすセイ法則を暗に仮定していた『貨幣論』から離れ、『一般理論』の内容を模索する転換の年であったのだ。しかもこの年は、スラッファのハイエク批判が著された一九三二年の翌年でもあった。「国家的自給」は、その三三年七月に執筆されているのである。そこに記された「経済理論の修正」とは、みずからの経済理論が『貨幣論』から『一般理論』へと変貌を遂げつつあることを表明したものだと言えよう。

ケインズはまず、ここで宣言する保護主義が、保守党のボールドウィンが一〇年前に唱えたものとは異なると説明している。ボールドウィンは、「既存の条件の下」でも関税が失業を減らすと主張した。「しかし私が自らの見通しを変化させたのは、それとは別の、旧世代とは異なる世界中のこの世代と共有する希望、恐れ、そして関心によってである」。つまりケインズは、旧世代が前提していた「既存の条件」が今なお成り立っているならば自由貿易を支持するが、しかしそれが崩壊したがゆえに保護主義を唱えることにしたのだと言うのである。

「国家的自給」のねらい

「国家的自給」によれば、一九世紀において自由貿易は、経済的な最適性の実現のみならず個人の創意の追求や才能開花の自由、発明、そして特権や独占の力に抗する束縛されない精神の多様さを生み出してきた。自由貿易の利益が不利益を上回るには二つの条件があるが、一九世紀にはそれが満たされていた。その二条件が、論文「自由貿易」とは異なることに注目されたい。

第一は、企業を預かる経営者は企業を所有する株主に責任を持ち、株主は逆に企業に責任を持つ、ということである。企業に対する所有と経営は、一体化していたのである。一九世紀においては国際的な資本投下も、株主と経営者のそうした相互依存関係の延長上にあった。イギリスから新大陸に渡った移民は資金と技術を持参し、イギリスの貯蓄は新大陸の鉄道事業に投資され、鉄道はイギリス人技術者によって建設され、収益はイギリス人株主に還元された。

それは、「ドイツの大企業がシカゴの投機家によって、またリオデジャネイロの公共事業がイギリスの独身女性の貯蓄によってファイナンスされるような、今日の経済的国際主義」とは似て非なるものだった。そういった国外への投機は、「資本の逃避」とみなすべきである。企業の株式会社化の結果、資本の所有と経営責任が分離されており、知識と責任を欠く名もなき大衆の間に所有が分散されて、今日買って明日売るような投機が支配的となった。しかも投機が世界に広まり、資本の所有者と運用者が遠く離れたせいで、資本の最高の限界効率を得るような収支計算はなされなくなってしまった。これは自由貿易が実現すると期待された平和ではなく、国際的な不均衡と対立をもたらしている。

外国貿易の獲得に国家の努力が集中され、外国の資本家の資力と影響力によって一国の経済構造が支配され、外国の変化する経済政策に自国の経済生活が大きく左右されるようになったとき、国際平和が保障されるとは考えられなくなる。所有と経営の分離が資本を効率的に配分しなくなるというこの見方は著作としては『一般理論』で初めて明らかにされたものだが、すでにここで表明されている。

第二は、各国間で産業化や技術的訓練の機会に大きな差異があるということである。それは、風土・天然資源・国民性・文化程度・人口密度において各国が広範に相違を示すことに由来する。そのとき、各国がいずれかの産業分野に特化し、自由貿易を行うことの利益は大きい。ところが近代的な大量生産方式が導入されたことからどのような国や地域においてもほぼ同じ効率で生産がなされるようになり、生産費の差ゆえに自由貿易が大きな利益をもたらすことはなくなった。またそもそも先進国においては、国民のニーズが農業や工業から住宅や個人サービス、地域的な楽しみなどの非貿易財へと比重を移している。この指摘は、『一般理論』が第一次産業ではなく「近代的な大量生産方式」を分析しようとしたということにも符合している。

以上の二条件が崩れた現在、「国家的自給」が採用されるべきだとケインズは言う。

思想・知識・芸術・歓待・旅行——これらはその性格上、国際的であるべきである。しかし、財については合理的で便宜上可能ならば国内生産にしよう。そしてとりわけ、金融は何よりもまず国家的なものにしよう。……それは、根を絶ちきるような問題ではなく、植物を好みの方向に向け、ゆっくり育てていくような問題でなければならない。

なかでも注目すべきは、資本の国外逃避である。それを回避するには、国内利子率を上げる必要がある。しかしケインズは逆に、以前よりも低い利子率を実現しなければ私企業の構造を守ることや技術の進歩がもたらした豊かさを維持することはできないと見る。つまり企業は低金利の融資を求めているのだが、低金利では資本逃避が起きてしまう。それゆえに国内経済を国際的な資本移動から隔離しなければならない。ただし同じく国家的自給を唱えてはいても、共産主義のロシアやナチズムが支配しつつあったドイツは危険な実験を行っている、とケインズは診断する。両国においては「愚かしさ」や「性急さ」、「不寛容や弾圧」が支配しているからである。イギリスの国家的自給は自由と寛容のもとで行われねばならない。

以上、話のつじつまが合っていることからしても、ケインズが『一般理論』を閉鎖経済体系であるかに論じたのは、国内経済を国際的な資本移動から隔離する「国家的自給」の思想が背景に置かれていたからだということになろう。結局のところケインズは、所有と経営の分離がグローバリズムと並行して起きるとき、素人資本家が海外の株式を保有するという資本の海外逃避が起き、国内では不況の原因となっていると診断していたことになる。それならばせめて国内における流動性の罠に対抗するために国際的な資本移動に対して厳しいガイドラインを制定・遵守させねばならない。これが「国家的自給」のあらましである。

「国際清算同盟案」の射程

そしてケインズは晩年の一九四〇年代になると、資金移動の規制を中心とする「国家的自給」という過渡期的な考えからも脱し、通貨にかんする「国際清算同盟案」を提唱するようになる。為替調整の負担が債務国だけにかかる金本位制の欠点を改善し、債権国と債務国の決済に生じる非対称性をできる限り小さなものとするには、各国内で民間銀行が中央銀行と取り引きし、そのうえで中央銀行間では国際銀行を通じ多角的に決済すればよい、という主張である。そこでは「バンコール」なる計算単位が用いられるが、それはホワイト案とは違って支払い手段にも使われ、国際銀行の当座貸越で急激な資本移動や為替変動に対応することを目的とする仕組みであった。

通説では、このケインズ案は、多角的決済でありしかもバンコールが国際通貨であることから、一国通貨ドルを中心にすえたホワイト案よりも優れていると評価されてきた。けれども多角的決済といってもケインズ案は中央銀行間の公的な決済だけを想定したものだったから、外国為替市場を舞台とする民間銀行の多角的決済が復活すれば、死文化する可能性を孕《はら》んでいた。しかもバンコールは、各国市場を流通する国際通貨ではない。あくまでも使用が公的決済に限られる計算貨幣とされていた。

バンコールが基軸通貨であれば、金本位制における金同様、決済に用いられ国家間で公的にやりとりされるのみならず、国内市場でも流通する。そしてそれが流動性の罠を理由として市場から引き上げられ退蔵されたなら、『一般理論』の論理からして総需要の減退が生じ、経済は不況に陥るだろう。ケインズが「バンコール本位制」を唱えなかったのは、むしろその回避を目的としていたせいだとも考えられる。ケインズはこう述べている。

一国の銀行の預金者は、彼の無駄に寝かせている残高が、誰か他の人の事業に融資するために使われたからといって、それによって損失を被ることはない。……金を蓄積するかわりに、バンコール債権を蓄積することは、その国が生産したり消費したりする能力や誘因を些かも削減するものではない。退蔵を信用機構に代替することは、国内分野ではすでに行われている石をパンに変える奇跡を、国際分野において繰り返すことになろう。[*8]

債権国がバンコールをいくら蓄積したところで、それは輸入を増やす権利を与えられたにすぎない。国内での支払いには用いられず、流動性と言うには大きな制限を受けるのである。バンコールを決済単位に留めたことそして国内への投資の不足を公共投資で補うことが、流動性の罠に由来する不況と失業への対策としてケインズが最終的に与えた回答だったのであろう。

ハイエクの国際通貨論

ケインズの死後に定着したマクロ経済学の「ケインズ政策」が不況時に金融緩和や公共投資を機械的に発動し続けた結果、一九七〇年代にはインフレと失業が共存するスタグフレーションが生起するようになった。インフレーションは市場経済の趨勢となっていたが、ハイエクによればそれはたとえマイルドなものであっても、最終的に恐慌という破局を招く。つまり循環的な不況・失業は金融緩和をともなう歯止めなき政府支出がもたらすインフレの結果である。ハイエクはこの趨勢を不可避にしているのが交渉型民主主義であり、それはマクロ経済学やケインズ主義を振りかざしつつ貨幣発行の規律の緩みや無駄な公共投資の慢性化を定着させていると指摘した。[*9]

中央銀行の金融政策や民間銀行による信用創造がインフレを起こし、最終的には恐慌から大量失業をもたらすという貨幣的景気循環論にもとづき、ハイエクが恐慌を防ぐためには金融緩和や信用創造を抑制すべきとしていたことは幾度かくり返した。では国際通貨についてはどう考えたかというと、各国がルールを守る限りで国際金本位制や固定為替相場制がもっとも適切だとしていた。ハイエクにとってそれらの為替制度は、通貨の発行量を抑制するための機構でもあったからだ。

ハイエクはながらく固定相場制度を支持し、自由主義者としては例外的に変動相場制度を批判していた。けれどもそれは固定相場制を支持する議論にしばしば見受けられるような、貿易にかかわる財の価格を安定させるといったことを目的としてはいなかった。金本位制を含め固定相場制においては為替レートを維持するために貨幣発行が行われる、すなわち貨幣量に規律づけが課される。それがハイエクの支持した理由であり、変動相場制となるとその箍《たが》が完全にはずれてしまう。

ではなぜ金本位制は行き詰まったのか。多数の国が金本位制を維持しようとしても地球上の金の存在量には限りがある。まして国際金本位制となればごく少数の国が金を保有することとなり、他国は「金為替本位制」を採用するしかない。金本位制を実施できない国が採用している金為替本位制とは、金本位制下にある他国通貨と自国通貨の交換性を保証し、為替を通じて間接的に自国通貨と金との兌換を行う通貨制度である。

そして一九六〇年の時点でハイエクは、貨幣供給を「ほかの多くの場合と同様に、市場の自生的な力に依存」させることは政治的に実行不可能であり、かりに可能であったとしてもそれは望ましくもない、国際金本位制に代わる望ましい通貨制度があるとすれば商品準備通貨制度である、と主張していた。[*10] 各国にはただ一種の均質な貨幣が存在すべきだという通念に従っていたからである。

「商品準備通貨制度」は、金よりも存在量に制約のない商品を通貨に当てることで、無理をしてまで多くの国が金保有国にしがみつかずにすませる工夫である。ただし「商品準備通貨制度」には準備通貨とされる商品を貯蔵しなければならないという欠点がある。準備されるべき商品の種類が少なくなければ貯蔵は事実上、実行不可能になる。

このようにハイエクは、貨幣発行量に規律を課すこと、貨幣価値を安定させること、商品準備通貨制度を採用するとしても準備される商品の貯蔵を可能にすること、そしてそれらの課題を民主主義任せにしないことをめぐり、通貨制度を考察してきた。ところがその彼にしても、疑ってみなかったことがある。貨幣は法貨すなわち国家が独占的に発行するものであるべきだ、という通念である。法貨とは、債権者への債務の弁済を行うときに債権者が拒否できないような政府発行貨幣のことである。では政府の貨幣発行権の独占は、なぜ必然とみなされてきたのか。「悪貨は良貨を駆逐する」傾向があるためだ、というのが一般に挙げられる論拠である。政府はそれを口実として、実物としての費用はいくらもかからない紙幣を発行するという政府特権を得てきたのである。

けれどもその通念を疑うという思考実験を行えばどうなるだろうか。意外な結論が導かれた、とハイエクは言う。貨幣を独占的に発行する限り、減価しても発行機関は危機感を持たない。けれども貨幣発行の独占権を政府から奪い、民間銀行に与えればどうなるのか。貨幣を商品準備に関係づけさせた上で民間銀行に発券させ、数行に競争させようという案である。発券が議会の権力下にはなくなり、競争にさらされれば貨幣価値は安定し、発券額も一定幅に収まるのではないか。その思考実験の成果が一九七六年の『貨幣発行自由化論』であった。それは管理通貨制度と金融政策を有効たらしめようという目論見をもつケインズの『貨幣改革論』から半世紀ののちに著され、真っ向から対立する立場を唱えるものであった。

『貨幣発行自由化論』(一九七六)

同書においてハイエクは競争通貨(competing currencies)制度を提案している。

ヨーロッパの中立諸国をできるかぎり含め(そして後にはおそらく北アメリカの諸国を含めて)構成される共同市場の加盟国は、それぞれの全領域において、取引がおたがいのどの通貨ででも(金貨を含めて)自由に行われることについて、またそれぞれの領域内で合法的に設立されたどの機関によっても、銀行業務が同様に自由に行われることについて、どのような障害をも設けないことをお互いに正式の条約によって義務付ける。[*11]

この提案が意味するのは、次のようなことだ。政府発行の単一通貨の排他的使用は廃止され、各民間銀行は自由に通貨を発行することができる。契約や経理、購買や支払いにどの通貨を用いるかはまったく自由であり、特定の地域でいくつかの競合通貨が使用されることになるだろう。それらの「発券銀行 issue banks」は、通貨の単位と名称を決めるとともに、その通貨価値が安定していることを知る目安となる「商品バスケット(等価物)」を指定し、その通貨によってそのバスケットがどれだけ購入可能であるのかの指数を時々刻々公表しなければならない。ハイエクは「業界紙によって」としているが、現在であればインターネットによって広く公開することが課されるだろう。そして発券銀行は折りにふれ、商品基準の構成を変更することができる。[*12]

ハイエク案では当該通貨で「商品バスケット」を何単位購入できるのか、すなわちバスケットの価格が公表されるだけで、発券銀行が商品を準備しておく必要はない。それによって貯蔵の不便という、商品準備通貨制度の欠陥は取り除ける。これまでの商品準備通貨制度案で商品バスケットの現物を貯蔵する必要があるとされたのは、一方で単一通貨を国が独占的に発券することとしたために、規律づけの方法として準備が不可欠だったからである。しかし民間銀行間で競争が起きるなら、それが規律となり貯蔵は不要になるだろう。

各銀行は、債権・債務の保有額も公開する。つまり現在、中央銀行が行っているのと同様に、資産の健全性について情報を公開する。通貨は短期の貸し付けもしくは他の通貨との引き替えという形で市場に出回っていく。以上が通貨発行のルールである。そのとき何が起きるのだろうか。

ハイエクは、発券銀行は通貨に対する需要が増えるように行動するだろう、と想定する。特定の通貨に対する需要は、通貨の購買力が安定しているほど高まるであろう。発券銀行はそのために、基準となる商品バスケットの当該通貨で表示された価格を睨んで、たとえば「一〇〇二」であれば発券量の引き締め、「九九七」であれば貸付緩和するというように、乖離の許容値をあらかじめ決め、それから外れると自動的に発券もしくは回収を行うだろう。発券銀行は発券量の調整により通貨価値を守ろうとするだろうという想定である。

貨幣の機能としては、教科書通りに四つが想定されている。第一は財の購入、第二は将来への準備、第三は繰り延べ支払いのための契約、第四は帳簿記入と計算の単位である。貨幣（money）は流通する機能にかんして通貨（currency）と呼ばれるが、ハイエクは第三の繰り延べ支払い機能に注目して、貸し手は貸している間に価値が上がる貨幣を好むと仮定する。返ってきたときにより多くの商品を購入しうるからである。借り手は逆に価値が下がる貨幣を選ぶだろう。双方の欲求から、貨幣価値は安定すると予想される。

この提案に欠点があるとすれば、複数の通貨が並行して流通するとき、商品価格が複数になり煩雑になることであろう。商店主は通貨ごとに色の異なる値札を商品に付ける必要があり、手間は倍増・三倍増になる。しかしそれもいずれさほど煩雑には感じなくなるのではないか、とハイエクは言う。かつて暮らしていたオーストリア国境の町ではオーストリア・シリングとドイツ・マルクが並行して使われていたといい、その体験にもとづく証言である。

ではどのような商品の価格水準を一定にすることが望まれるのだろうか。企業にとっては経理上、原材料・農産物・工業半製品のように各社が取り引きする生産物の価格が安定することが望ましい。サラリーマンは消費財価格の安定を求めるだろう。ハイエクは貨幣量が変化したとしても財価格が変化するまでのタイムラグが長い消費財価格ではなく、原材料価格を基準とする通貨の方が望ましいと述べている。というのもハイエクにとって市場の働きのうちで最重要なのが、相対価格の変化を見やりながら企業家が身近な機会を発見し、原材料を購入しつつ生産計画を立てることだからだ。

この案が実現すれば、通貨の発券量が発券銀行の思い通りにはならないことに注意しなければならない。通貨は発券されたとしても、公衆が保有し使用しなければ流通しないからだ。そこで発券銀行は、発券量の調整に細心の注意を払うことになる。それにより、通貨量が規律づけられる。

ただしそうだとすれば、原材料を商品バスケットの軸とする貨幣が好まれるとは限らない。いくら原材料で商品バスケットが組まれても、保有されるとは限らないからだ。オーストリー学派にはメンガー以来「商品の販売可能性」なる概念があるが、貨幣に対しても「保有したい」「したくない」という区別がありうる。みずからは消費財に関心を持つサラリーマンであっても、他の人が受け取ってはくれないならば消費財を軸とする商品バスケットの貨幣を保有するのは危険だろう。多くの人に保有される貨幣が望ましい貨幣なのだから、自分が直接には消費しない商品バスケットにもとづく通貨であっても、流動性が高いという理由で選択されることもありえよう。

貨幣は発行すれば必ず公衆に受け取られ商品の購入に使用されるとするならば、過剰な貨幣発行はインフレをもたらす。貨幣数量説はそのようにみなしているが、公衆が貨幣を受領しなければ物価は上がらない。貨幣の流動性はいかにして決まるのか。ハイエクは貨幣について購買力が安定しなければ流動性が下がると考える。そしてより高い流動性を得ようと、発券銀行は貨幣価値を安定させようと「競争」に邁進する。

競争をへて通貨の選択と淘汰が進むと、少数の銀行だけが発券するようになるとハイエクは予想している。当初はとりあえず多くの銀行が発券市場に参入するだろうが、公衆の取捨選択が進めば一部だけしか生き残らない。そこで淘汰された大半の銀行は、生きのびた発券銀行の通貨を用いて業務を行うことになる。ハイエクはそうした一般銀行に対し、「一〇〇%準備銀行業」であることを義務づけることを提案する。現在でも民間銀行は預金通貨という形で実質的には発券しており、しかも預金準備率が一〇〇%ではないために信用創造が行われている。それは事実上、通貨を創造していながら、発券量の制限に責任を負わない銀行が存在するということである。

国際収支問題の消滅

複数通貨が並行して流通し購買力の安定を競い合うこの世界は、我々が常識とするものとは相当に異なっている。優勢な通貨の購買力は安定するが、しかしそのことと通貨供給量を管理して「平均価格」ないし「一般物価水準」を安定させることとは別の事態となる。というのも通貨供給量や一般物価水準なる概念に意味があるのは、単一通貨圏だからだ。複数通貨圏においては単位の異なる通貨は交換比率により換算してからでなければ合算できず（五ドルと一〇〇円を足して「一〇五」という計算には意味がない）、交換比率はたえず変動するだろう。相対価格を一般物価にまとめることと法的に単一通貨のみを指定することは、統計学と設計主義法学の乱用だとハイエクは言う。対照的に多種多様な商品と通貨が織りなす複雑なシステムを管理思想ぬきで運用しようとするのがハイエクの理想市場である。

ここでは最終的に、中央銀行の廃止が予想されている。発券銀行のうちのいずれかが優位に立つことはあっても中央銀行が最上位に信用されるとは限らないから、それはいずれ廃止されるだろう、とハイエクは期待する。民主主義政治のもとで中央銀行は民間銀行のように自由意志で発券量を管理することができず、財政支出を要望する選挙民の利害関心に導かれ発券しすぎて、購買力を安定させることができないからである。

さらに金融政策も不要となる。利子率は、現在財と将来財との交換比率・相対価格として、値付けが市場に任せられる。財政支出についても、追加貨幣の創造が容易になされてはならない。政府が支出する貨幣は徴税か公債発行によって民間から徴収したものに限られ、それにより財政を通じた貨幣発行量にも規律が課せられる。その結果、財政収支は季節ごとに均衡させられるようになるだろう。「季節ごと」というのには慣行的な意味しかないが、企業は収支を季節で均衡させるのであるから、政府も従うべきだと言う。

奇異なのは、国際収支なる概念がなくなってしまうために、国際収支問題はまるごと消えてしまうことである。単一通貨制のもとで国際収支に各国通貨の交換比率（為替レート）が結びつけられると、特定の商品が莫大に売れたとき（たとえば日本の自動車が大量に輸出されたとき）、中長期的には自国通貨高（円高）になり、売れなかった商品の価格（たとえば労働や農産物）も外国の同類商品に比して割高になる。財・サービスの貿易を主とする経常収支には為替レートの調整により均衡に向かおうとする傾向があるため、売れた少数の商品の価格が割高になるだけでなく、それ以外の商品の価格も割高になってしまうのである。だがトヨタの自動車が売れたからといって生産性が高まっていないトヨタ勤務以外の日本人労働者の賃金がインド人労働者の賃金よりも高くなるのでは、日本とインドで労働の相対価格が正確に示されていないことになる。そうしたことが起きるのは、国ごとに異なる単一通貨が用いられているからである。

とすればハイエクが推奨する競争通貨制度とは、単一通貨相互の変動相場制に替え、競争通貨間の交換比率変動制の採用を意味していることになる。「だれも国や地域の国際収支がどうであったかを知ることができず、したがって、だれもこのことについて悩むはずがなくまた心配する必要がないという統計に関係のない幸福な時代に、われわれが戻ることができる[*13]」というのがハイエクの主張である。

競争通貨制度はそれぞれの通貨の購買力を競争によって安定させる策だが、それは貨幣なるものの機能を競争が強いる進化の過程で発展させるという考え方でもある。競争は新しい機能を生み落とす。貨幣に止まらず言語も法も、社会制度は一般に競争を通じて進化してきたとハイエクは言う。貨幣は政府によって発明されるものではなく、社会の進化の過程において自生的に生成するものだとすれば、国家が通貨発行を独占するとは、進化という「発見のプロセス」を停止させることであったのだ。

このように競争通貨制度を提唱してから以降、ハイエクは国家による通貨発行の独占への批判を強めていった。フリードマンは公衆のインフレ期待が安定することを狙って、「独占的に発券される通貨量の増加率を一定（ｋ％）に固定する」という貨幣発行の「ｋ

%ルール」を唱えたが、マネタリズムはインフレの債権者・債務者への有害な影響に敏感なわりには、貨幣量の変化が相対価格にいかに影響するのかを看過している、とハイエクは見る。『貨幣理論と景気循環』以来の視点である。k%ルールは貨幣数量説を前提しており、貨幣の増発はすべての商品の売買に一律に影響すると仮定している。だがある貨幣の増加率が一定としても、それは一般には全価格に同時には影響せず、相対価格が変化する可能性がある。まして複数通貨が競合する場合には、その可能性は高い。フリードマンは貨幣量を裁量的に操作しようとするケインジアンを批判しているが、貨幣増加率を固定したとしても相対価格が変動してしまう可能性を見逃す点では同じ穴の貉《むじな》にすぎない。ハイエクはこうマネタリズムを批判している。

フリードマンは新自由主義者としてルールや慣行・制度の多くを撤廃し万事を市場の自動調整機構に委ねるよう訴えており、ハイエクはそれについては大いに共鳴していた。一方、「規律づけ」を国内における単一貨幣の総量規制のこととみなすのがフリードマンのマネタリズムだが、ハイエクが『貨幣発行自由化論』で批判したのは、そのように貨幣を一国家に一種と限ることこそが政治権力の独占であり、貨幣量を人為的に総量規制しうると考えるのは統計利用にかんする過信だということだった。貨幣発行の独占権を国家から剝奪し競争に委ねるという究極の自由化により、通貨発行もルール（法）も慣行も制度も、それぞれが相互に競い合いつつ淘汰され進化してゆく。

結局のところ通貨制度にかんしてもハイエクとケインズを分かつのは、果たして投機や流動性が経済秩序を乱すことはありうるのか、もしあるとすれば国家がそれに制限を課すことは妥当なのかをめぐる判断だった。貨幣発行権が民間銀行に自由化されたとして、そのときにも国際的な投機は経済秩序を混乱させないのだろうか。

ハイエクは『貨幣発行自由化論』で国際的な資本移動に対する規制を国家が行うことを批判している。これはケインズの「国家的自給」への反論といえる。だが貨幣や商品が市場において進化し、ルールが裁判においてやはり進化すれば、国際的な投機は生じないのだろうか。

ハイエクは同書において通貨は購買しうる商品量によって信用され、流通すると信じている。しかし実際に購買することに価値を置くのではなく、売り抜けて利益を得ようとするのがケインズの凝視した投機である。投機の観点からすれば、安定的に商品バスケットを買える貨幣よりも、受け取ってもらえる貨幣の方が重要である。この受け取られやすさが流動性で、ハイエクは投機と流動性を過小評価している。受け取ってもらえさえすれば、どれだけの商品が購入できるのかに関心が持たれなくなるのが投機に使われる貨幣なのだとすれば、ハイエクの貨幣発行自由化論では投機は防げない。ハイエクの「自生的秩序」は投機を阻むところまで進化しうるのか、それとも投機は自生的秩序の進化を食い破るのかが問題となるのである。

第七章　複雑性・不確実性と人間――慣行と模倣をめぐって

複雑現象の理論

ハイエクが前半生で打ち込んだ資本理論では、対象とする資本財や労働、消費財が、あたかも物的ないし客観的な存在であるかに描かれていた。けれども物的な差異につきすべての人が識別しうるなら、中央計画当局は価格を操作しさえすれば技術や欲望のあり方について知らなくても適切な資源配分を実現できる。これがランゲの解釈したワルラスの市場社会主義経済である。ここでハイエクは、それまでは与件としてきた資本財や労働、消費財にかんする質的ないし主観的な分類に目を転じた。

ハイエクはそのように市場論を転換し深めていったのだが、ではそれはどのような人間観にもとづいていたのか。それは新古典派が想定するような、効用をはじめとする様々なインセンティブを満たすよう計算する経済人とどう違うのか。そもそも生産過程を迂回させるように資本財や労働を移動させるというとき、企業家は何に突き動かされているのか。そうした疑問に答えるかのように、彼は心理学・身体論や自由論の社会思想史、政体論へと踏み込んでいく。その指針となったのが、「複雑現象としての社会構造体」、その一領域としての市場という解釈である。

ハイエクは純粋な資本論から離れた後に、市場を「カタラクシーのゲーム」と呼ぶようになる。これは「知識の分散」にもとづく市場と同義だが、しかしそう称したことで、主流派とは哲学的ないし思想的に次元の異なる経済観を提示することとなった。彼が「複雑現象の理論」と呼ぶのは現在では「複雑系」と一括されるシステム理論である。それが日本で注目されるようになったのはせいぜい一九九〇年代だが、ハイエクはすでに一九六一年に構想を発表していた。[*1]

ハイエクは言う。「……異なる分野の構造体を特徴づけるパターンを再現するために(言いかえれば、そのような構造体の従う一般法則を示すために)定式またはモデルがもたなければならない異なる変数の最小個数」に注目するとき、複雑現象とはその数が比較的多数であるものである。逆に構造体を特徴づけるパターンを再現するために必須の変数が少ないものが「単純現象」で、古典物理学の対象がその代表例である。

市場についてのこのような理解の深まりをハイエクはより一般化し、さらに言語や法といった社会制度も一括して「複雑現象」と呼ぶようになる。複雑現象として人間と社会を解釈しなおすこと、それがハイエクの後半生の仕事の核となり、自由論も思想史も社会主義・ケインズ主義批判も政体論も、すべてはその周辺で構想されることとなる。

ただし注意しておきたいのは、「複雑現象」という言葉は一九六〇年代頃からキーワードとして盛んに用いられるようになったのだが、一九二九年の『貨幣理論と景気循環』でもすでに一部では用いていたように、強調されるようにはなったものの実質的には当初から考慮されていたことである。ハイエクは当初、この「複雑さ」を複雑なままで考察しようとした。その成果が『資本の純粋理論』だったが、そこで行われた思考実験は人知の限界を越えるほど面倒なものとなった。そして考慮されてはいたが光を当てていなかった方向にハイエクの市場論が転換するのは「社会科学における知識の利用」から『科学による反革命』あたりで打ち出された商品についての主観的な分類を市場が行うという発想においてであった。それによって「時と所」によって無限に異なりうる企業家の意思決定や資本、商品のうち、何が同じで何が異なるのかの分類が抽象的かつ単純に行われると考えられるようになった。

さらにこれを引き継ぐのが「ルールによる分類」や「ルールを言語化したものとしての

法」といった考え方である。法は、多様かつ無限、つまり複雑である人間の行為のうち、どれが犯罪でありどれが合法であるのかを抽象的に分類する。我々は日々変化する多様な外見を持つ人につき同一人物とみなす認識能力を有している。これらはハイエクによれば、個別具体的な情報のすべてを感知するのでなく、分類のルールだけを認識することによっている。つまり市場における商品や生産要素の分類やルールによる分類、法による分類は、いずれも複雑かつ無限でありうる複雑な情報を縮約する機能を果たすのである。

ハイエク前期の資本理論はこの市場の「分類」機能の理解で幕を閉じ、後期の自由論は「分類」を法論で展開することになる。ハイエクの生涯をつらぬく思想の核心は、「複雑さと分類」にあるのだといえる。

理論科学の本質は、仮説を発見することにあり、演繹し具体的なデータを当てはめることで将来のある時点につき予測し検証することだという（K・ポパーが述べたような）「常識」があるが、ハイエクは一九五五年の「説明の程度について」で、それは単純現象には当てはまりはしても、複雑現象には妥当しない、と力説している。[*2] 主流派経済学の誤りは、複雑現象である経済を集計により変数を減らして単純現象として扱ったことである。複雑現象においては、変数のすべてにつき特定の「時と所」についての知識をすべて当てはめてテストすることはできない。

では複雑現象について、科学らしさを保ちつつ何ごとかを述べることは可能なのか。イエス、というのがハイエクの答えである。「新しい仮説」を立てたり「事態の予測」を行うことは、なるほど困難だ。しかしそれに替え、複雑現象の科学においては「承認された言明の蓄積のなかから適切な仮説を選択したかどうか、そしてそれらを正しいやり方で組み合わせたかどうか、が重要な問題となる」。新しい法則を発見したり予測をしたりするのではなく、既存の仮説をうまく組み合わせて特定の状況において観察された複雑な事象を説明することが複雑現象の科学であって、応用物理学にしてもやっているのはそれだと言うのである。

こうした説明は「モデル構築 model building」と呼ばれる。変数の値を確定したり予測したりすることは、複雑現象ではおおよそ難しい。複雑現象の科学がなしうるのは、せいぜい「しかじかのことが起きないだろう」という否定的予測である。経済学にかんしては、「固定為替相場制を維持すると同時に通貨供給量を変動させることで国内物価水準を意のままに統制することはできない」といったタイプのものである。

ハイエクがケインズの『貨幣改革論』を評価するのは、この否定的予測を実行したからであった。否定的な予測しかできないのだから、理論を用いて計画的に経済の全体を操作することは不可能である。ハイエクの社会主義批判、マクロ経済学批判を科学論的に言えば、そういうことになる。

抽象的な規則と分類

ここで社会科学は、新しい仮説を発見し過去の仮説を否定するような、創造的に発展するものではなくなっている。かつてよりおおよそ正しいとして承認されてきた命題のなかから適当なものを選び出し、うまく組み合わせることによって現実の説明に役立たせるのにすぎない。用いられる命題群は、説明に使われる道具箱である。

こうハイエクが述べるとき、じつは帰納法が否定されている。我々は事実をありのままに見ることはできない。なんらかの先入観が先行するからで、事実と思われたものには理論が負荷されている。帰納法が主張するように、ありのままの事実から未知の理論仮説が発見されるのではないのだ。すでに事実のうちに仕込んであった理論を発見したかに思い込んでいるだけである。事実についての理解は親和性のありそうな理論を編み合わせることによって行われている。[*3]

ハイエクの見るところ、それは人間の日々の生活のあり方でもある。[*4]彼が『感覚秩序』以降の身体論と心理学を統合する試みで示そうとしたのはそのことだ。模型を用いた動物行動学の実験によれば、魚や鳥は抽象的な特徴のみを共有する個物に対して同種の反応を示す。魚や鳥が、多数の個物から抽象したかたち等を認識しているとは考えられない。個物を個物として認識するのに先んじて、抽象的な規則性が知覚されているらしいのだ。

ただし知覚される抽象的な規則性ないし分類の枠組みは、意識されているとは限らない。多くの行為は意識すらされない規則性によって導かれている。子供たちは、文法書を読んだこともないのに精密な文法を駆使して会話を行う。我々は文法書を読み理解することができるが、読まなくても文法を使うことができる。また我々は人の顔を数度見るだけで同一人物と認識するが、その間にその人の肉体は生物としては若干変化しているはずである。服装も替わっているかもしれない。それにもかかわらず我々が同一人物と認識するのは、「人そのもの」が同一であると意識しているからではなく、「その人物らしさ」の規則性が見出されているからである。ハイエクが自転車に乗るのは「know how」であって「know that」ではないと言うのも同様で、自転車に乗ることは個々の筋肉の動作（that）を知っている状態ではなく、筋肉の連関の規則（how）を知る状態である。職人の技術における「カン」や「コツ」もそうで、言葉で説明できなくても正確な作業を行うことができる。

ここで規則（「傾向性 disposition」とも呼ばれる）には、認知にかかわるものとふるまいにかかわるものの双方が含まれている。ハイエクは、特定の規則や傾向を知るとは世界を「分類」することだと言っている。認知やふるまいにかんして規則を持つとは、無数の情報から成る世界を規則に準じて分類することである。ここで規則ないしルールとは、身体を基盤として世界を主観的に分類することである。

規則は意識に先行して認識されるのだが、それも一般には複数の規則が同時に組み合わされている。ライオンが獲物に飛びかかるのに、「飛びかかる」という単独の動作があるわけではない。獲物の方向や距離を見定め、自分と相手のスピードを認知し、地面の状態や遮蔽物のあるなしも計算に入れて、初めて獲物に飛びかかることが可能になる。ここでは、「獲物の方向を見る」「自他の距離を測る」「スピード差を意識する」「地面の状態も横目に見る」「遮蔽物にも気づく」などの作業を同時に複合させている。規則や傾向が多重的に重ね合わせられると、ライオンが飛びかかるという複雑な動作になる。飛びかかることは、自分の身体において動作の分類を複数重ね合わせることである。子供が成長するとは、そのように世界や身体を精緻に分類していく過程である。ハイエクは無意識というフロイト風の用語を嫌うので「心」ないし「心的秩序」と言い換えれば、心とは物理的な刺激を分類し、多層的に秩序づけてゆくシステムのことである。心的秩序と物的対象がそれぞれに自立して存在するようなデカルト的な心身二元論を、ハイエクは否定している。

人間社会においては、この分類の仕方がさらに多層性をもつ。「何をしてはいけないか」を規定する法はそのひとつである。言語における文法もそうである。科学によって解明された知識や伝統的な儀式もそうだろう。ライオンは空腹ならばいつでも獲物に飛びかかるが、人は禁猟期には狩猟してはならない。狩人たちは獲物の逃げる方向につき言葉で仲間に呼びかけながら追い詰めていく。そして銃という科学の知恵が生んだ道具で仕留める。獲物を得ると、神に祈る儀式をしたりする。狩猟という行為は、法と言語、科学と儀式におよぶそれぞれの規則が多層的に編み合わされて、特有の世界を築き上げている。

つまり規則は層をなしているのであり[*5]、より上位にあるものをハイエクは「超意識的ルール super conscious rules」[*6]と呼ぶ。文法が使われたのちに発見されるように個々の規則は用いられてから意識化されるが、すべてが意識化されるわけではない。意識化されないながらも心を統御する残余の部分が、超意識的ルールである。

ルールの認識から自生的秩序の生成へ

けれども法と言語、科学と伝統、それに市場を加えたとして、それらがまったく矛盾しないわけではない。魚類について、方言の分類と科学（生物学）の分類とでは矛盾している。しかし生物学が「正しい」とも言えない。なぜなら、「めでたい」を「鯛」にかけ、赤い「金目鯛」までもめでたい魚とみなすのは、祝い事の儀式の文脈では正しいからだ。

矛盾があるせいで、世界の分類のあり方は所により時により多様なものとなっている。

ハイエクは、巨大すぎる世界に散在する無数の具体的な事実につきすべてを知らなくても、「抽象的な規則」を読み込むことで対処できるとみなす。世界に秩序が存在するならば、未知の事物や行為についても予想がつくからだ。そこで「いかにして具体的な状況についての不変の無知という事実にもっともうまく順応していくか[*7]」が問題となる。では抽象的な規則は、いかにして読み込まれるのか。

この問いに対しハイエクは、未知の傾向性が「模倣」によって拡散してゆくと答える。「カン」や「コツ」は、細部まで意識したり言語化したりしないまま、観察により直接習得される。職人の技能も、マニュアル等に文章化されなくとも模倣により伝承される。ハイエクはこの模倣の能力を、スミスやヒュームの「共感」・「同感」、ヴェーバーの「理解」に類するものとしている。

「小さな社会」は「対面社会」でもある。中世までであれば、職人の「カン」や「コツ」、認知やふるまいの規則は直接対面しコミュニケートすることで伝達された。ところが多くの互いに見知らぬ他人同士が共生する「大きな社会Great Society」においては、どの技能や習慣に学ぶべきかは権威だけでなく市場によっても指示される。職人業界だけで評価される人もいれば、世評の高い売れっ子職人もいる。市場取引や生産活動が財・サービスを交換するだけでなくなんらかのコミュニケーションを伴うことを指摘したのが「経済学と知識」だったが、特定商品が品薄であることを知らせるような言葉を介する伝達であれ、「カン」「コツ」のような無言の模倣であれ、「大きな社会」においては市場過程において促される。*8

以上のようにハイエクは、法や言語、科学や市場が複雑なシステムを織りなし、それによって散在する具体的知識を活用し世界を分類して理解することができるのだとした。資本家は相対価格と自分の知りうる知識から利益（価格マージン）を計算し、どの中間生産物をどれだけの労働力と原材料（前段階の中間生産物）から製造するかを決める。彼らを縛る規則として当初は信用拡張に対する早期の引き締めなどだけが注目されたが、後には潜在意識において従っているルールや、それらが紛争処理の過程で裁判所により言語表現された法にも範囲は拡げられていった。膨大で個人の頭脳では処理し切れない量の情報が、暗黙のうちに人間がそれを分類している認知やふるまいの規則性や慣行によって単純化され、それは市場における商品の分類や裁判において言表された判決によって意識においても理解されて、処理可能となる。ルールによる分類は、無数に散在する情報のすべてを知らずとも、同じか異なるかを仕分けることで擬似的に知ったことにする縮約の工夫である。それに対し設計主義とは、無意識のうちに我々が従っている認知やふるまいの規則性を注意深く言表するのでなく、無理矢理接ぎ木するようにして法を制定し権力を行使することである。

市場慣行は、科学における定説と同様に淘汰に耐えて生き延びてきた傾向性である。今後、淘汰されないとは限らない。しかしリバタリアンが主張するように、人為的に破壊すべきではない。自生的秩序は模倣と淘汰を経た慣行に人々が従うことによってしか生成されないからだ。

推論の重みと流動性プレミアム

ハイエクは市場を複雑なシステムの一つ、分散する知識の処理装置とみなした。そこでは一部の人が保持する将来への期待や分類が淘汰され、裏切られる。しかしそれにもかかわらず、いやそれゆえにこそ、市場は社会を無数で多様な知識に対して適応させる。そして政策的な干渉、とりわけ金融政策はその淘汰の過程を歪め恐慌をもたらすというのがハイエクの立場である。

こうした見方は、もちろんケインズとは対立する。ケインズによれば、不安定なのは市場そのものである。市場は、いわば自生的に無秩序でありうる。それに秩序を取り戻させるのが経済政策である。

そのように経済観の骨子だけを眺めれば、両者は対立している。けれども市場経済を物理学のようには単純系とはみなせないということ、それゆえに一種の複雑系だと考えること、模倣と慣行に満ちているという理解において、彼らは同意見である。なかでもケインズ自身が模倣と慣行の重要性を認めたのが、金融資産市場における投機にかんしてであった。

ケインズは『確率論』では、物理学の対象のような単純な現象につき帰納的推論の確かさを論じた。将来につき確信をもって推論しうるための条件には、性質の種類そのものの数が有限個であるという「多様性の制限」と、世界は時空を通じ単純な性質を持つ原子から成りその有限個の組み合わせとして同定できるとする「原子の斉一性」の二つがある。多くの自然現象では、この二つは適えられている。

だがそれは、市場社会には当てはまらない。ケインズにとって処理すべきなのは、将来に何が起きるのか、種類すら分からないという意味での不確実性だった。経済現象は時間を通じて斉一ではなく、多様性は無限である。つまり複雑な現象である。ケインズが頼りにした帰納推理は、複雑な現象の有する不確実性に怯えることとなった。

だが考え方の道具は、すでに『確率論』で用意されていた。ケインズは、推論によって命題間に蓋然性があると観取されたにもかかわらず未来にかんする知識が薄弱な基盤しか持たないとき、「重み（weight）」が低いと表現する。『一般理論』第11章「資本の限界効率」でケインズは投資を行う際に将来の収益を計算し、収益率の現在価値が利子率よりも高ければ投資がなされるかに述べている。けれども『確率論』の趣旨からは、そう簡単には断言できない。と言うのも、そのように収益計算がなされるほど知識の基盤が頑強でないとすれば、「推論の重み」が低く「確信」が持てないからだ。ケインズは第17章「利子と貨幣の基本的性質」では、『確率論』の概念であるこの「推論の重み」が「将来の不確実性（uncertainty）」とのかかわりで「流動性プレミアム」に表示されるとしている。貨幣には利子率は付されないが、何とでも交換されるという流動性を有している。利子率は貨幣の流動性を手放して資産を得る際にリスクを負担することの対価として与えられる。不確実な将来につき推論するとき、「重み」が不足していることすなわち不安は、流動性プレミアムの高さとして表示される。[*9]

ある資産につき知識が少ないため推論に重みがなく確信が持てないとき、対価として要求される流動性プレミアムは高まる。多くの資産につき流動性プレミアムが高まれば貨幣は手放しづらくなり、投資も消費も不調になる。しかし経済は、平時には何ごともないかのように運行している。それはなぜなのか。ハイエクは、すべての具体的知識を埋め得ない空隙を無意識的な規則認知が埋めているとしたが、ケインズにもそれに相当する概念があるはずだろう。

『一般理論』第12章「長期期待の状態」では、二種類の人間類型が挙げられている。彼らはともに、蓋然性に加えて推論の重み、つまり確信や不安に直面しつつ投資活動を行っている。企業家（entrepreneur）と投機家（speculator）である。[*10]企業家は「資産の全存続期間にわたる予想収益を予測する活動」に従事し実物投資を行うが、確率計算は完全なものではない。その分だけ推論の重みが低くなるのだが、それを補うのが「血気animal spirit」である。血気は数学的期待値以外に企業家が頼りにするもので、「不活動よりもむしろ活動を欲する自生的衝動」であり、「自生的な楽観」である。すなわち計算するような合理性ではなく、闇雲な経営意欲を指す。

一方、投機家は、「市場の心理を予測する活動」を行う。とりわけ金融資産の売買によって収益を上げ、売り抜けようと虎視眈々と狙っている。慣行がかかわるのが、この「投機」である。ケインズはこう述べる。


実際には、われわれは通常暗黙のうちに一致して、実をいえば一種の慣行（convention）に頼っている。この慣行の本質は——もちろん、それはそれほど単純な作用をするものではないが——われわれが変化を期待する特別の理由をもたないかぎり、現在の事態が無限に持続すると想定するところにある。[*11]

それに続けて、こう述べる。そんなことがとてもありそうにないと、皆が知っている。だがそれにもかかわらず我々は、現在の市場価格は我々が持っている知識と照らし合わせて一義的に正しく、知識の変化に応じてのみ変動すると想定している。知識の変化の可能性については我々は自分で判断を下すことができるし、そもそも変化はさして大きくない。投資家たちはそう考えて「自分を元気づけ」ているのだ、と。そのように現状の持続を信じることで、投資の価値が一〇年後にどうなっているのか誰も知らない（推論の重みが低い）にもかかわらず、株式は保有されているのである。金融資産市場が現に破綻もせずに存続しているのは、このような慣行あってのことなのだ。だがしかし――「十分な投資を確保するというわれわれの現在の難問のかなりの部分をつくり出しているものは、慣行の頼りなさである」。

模倣と群衆心理

ケインズは慣行こそが投資市場存続の条件であるのにその「頼りなさ」ゆえに投資が不十分になっていると考え、その要因をまとめている。第一に、社会の総資本投資の持ち分のうち、経営に参加せず事業の現在および将来の事情につき特別の知識を持たない素人が保有する割合が高まった。第二に、無知な多数の個人が慣行的に投資を評価しているため、一時的で重要でもない株価の変化によって意見に動揺が起きると、群衆心理によって激しい変動を示すようになった。第三に、玄人筋の投機家は優れた判断力を持つにもかかわらず、投資物件につき長期にわたって蓋然的な収益の予測を行わず、それゆえに素人の気まぐれが修正されない。では玄人は何を行っているのか。「一般大衆にわずか先んじて評価の慣行的な基礎の変化を予測する」のである。素人の持ち分が大きくなったために株価は素人の多数意見によって決定されるようになり、玄人は実物投資の評価から得られる収益を狙うよりも、素人が慣行によって行う評価の先を見越すことで儲けている。確たる意見を持たない素人はもとより、玄人もまた素人である他人の意見に同調＝模倣するようになったと言うのである。

以上が重なると、ハイエクの考える市場とは逆転した現象が起きてしまう。ハイエクの市場では、成功した人がいれば、利潤や相対価格を指標として他の人は模倣する。この場合、リーダーは成功者である。ところがケインズの見た金融資産市場では、玄人は正しい知識を持ってもいない素人の、しかも多数意見を見越して行動する。つまり玄人が素人の平均的な意見に従属してしまっている。しかも素人は群衆心理で意見を動揺させやすく、玄人の言動はその変動を助長しかねない。模倣は動揺の振れ幅を拡大してしまうのだ。ハイエクでは優秀と市場が判定した慣行だけが模倣を呼び拡がるのだが、ケインズにおいては正しいとも言えない素人判断の平均値が模倣されている。

かくして誰かが売るとみなが売り浴びせ、誰かが買うとみなが買いに走るように、需給が一方に偏る可能性が高まっている。ブームと恐慌が生じやすくなったのだ。投機がバブルと流動性の罠を生むというのは、このことを指す。

ケインズにとって大衆投機家が無数に登場した二〇世紀の金融資本主義では、不確実性のもとで血気に溢れた企業家がリスクをかけて経営しても、金融市場のブームと恐慌に巻き込まれることが不可避になっていた。ハイエクの企業家は、リスクをとって経営するところまでは同じだが、ルールを守りさえすればおおよそ予想は的中し、バブルや恐慌に巻き込まれることはない。同じく模倣と慣行に注目しながら、市場経済にハイエクは秩序を、ケインズは不安定さを感じ取ったのである。

ハイエクは貨幣すら民間銀行に発券させようと提案するほど、為政者の経済政策を信じなかった。金融政策はインフレかデフレを誘発し、百害あって一利もないものとされた。一方ケインズにとってブームと恐慌を引き起こすのは大衆投機家の模倣行為であり、事後的に救うのが経済政策だった。

ケインズとハイエクは、金融市場の安定性についての判断と、政策でその不安定を救えるかについての理解において対立している。金融市場では玄人が成功者になれるとは限らなくなったというのがケインズの見方である。玄人も素人の意見を注視するしかなく、成功しても市場を先導できるとは限らない。それはとりわけ金融市場の理論としては卓見であった。けれどももしそれが本当であるなら、なぜ経済政策の立案者だけが金融市場をリードして落ち着かせることができるのか。玄人である政策担当者もまた、成功者とは限らないというのがケインズの主張だったのではないか。

ハイエクの見方では、模倣と慣行は市場の複雑さを縮減する支えである。だがそれを実現するには、金融政策に歯止めをかけるだけでなく、株式市場の大衆化、素人の参入にも制限を加えなければならないはずである。だが現実に、株式市場は大衆化してしまっている。二人はそれぞれが提起した問題に、互いに答えを出せていないのではないか。

第八章　保守主義をどう評価するか──「便宜」と「法」

新自由主義と協調

慣習と自由の関係について二人の見解に触れたが、では保守主義と自由主義というイデオロギーの関係についてはどうだろう。

ケインズは一九二五年、自由党の夏期大学で論文「私は自由党員か」[*1]を朗読した。不況のただ中で保守党と労働党が勢いを増し、自由党は衰退へと向かった時期である。ケインズは当時のイギリスの諸政党を描写しつつ、それらが置かれた歴史的な位置づけを語った。イギリスの政党のうちケインズがもっとも評価しないのは保守党である。それは「私に、食べ物も飲み物も、つまり、知識的慰めも精神的慰めも与えはしない」、「私を愉快にさせたり、興奮させたり、啓発したりはしない」、「どのような知的標準とも合致しないし、われわれがすでに達している文明の水準を、その破壊者から護ってくれるほど頼りになるものでもない」と、散々な貶《けな》し様である。「〈教会〉、〈貴族政治〉、〈地主階級〉、〈財産権〉、〈帝国の栄光〉、〈軍に対する誇り〉、さらには〈ビール〉、〈ウィスキー〉に至るまでが、もはやふたたびイギリス政界の指導的勢力として復活することは絶対にないだろう」と皮肉まで付け加えている。

保守党に対する毛嫌いは、ムーアに傾倒した若き日を思えばケインズらしいともいえる。だが彼もすでに四〇歳を越え、経済学者としても『貨幣改革論』を書いた後であった。その洞察は哲学的ないし文学的な内省だけでなく、広く世事にも及んでいた。「私の信ずるところによると、〈個人主義的資本主義〉を知的衰退に陥らせた根源は、少なくとも資本主義そのものに特有の制度にはなくて、資本主義に先行する〈封建制〉という社会組織から継承した一制度、すなわち、世襲原則のなかに見いだされる」。ケインズは、富が相続され、企業経営までが三代目に支配されるという世襲原則こそが自由放任経済を弱体化させたとみなす。三代続く金持ちの息子では有能な企業経営者たりうるだけの才気や気魄を持てないという判断だろう。

労働党に対しても、「自分が論じていることについて何、一、つ知らない人たちが、あまりに多くのことをつねに決定しようとしすぎ」、破壊党（the party of catastrophe）になりかねないと手厳しい。そこで自由党に将来を託すことになるのだが、期待されるのは世襲の否定だけではない。資本主義が新たな段階に突入しており、それへの対応が焦眉の課題になっているとケインズは言う。

ケインズはJ・R・コモンズに従い経済史の時代区分を行っている。第一は「欠乏の時代—Era of Scarcity」で、一五～一六世紀までを指す。それまでは個人の自由は最小限に抑えられ、共産主義的支配と封建的支配、政府による支配が最大限に発揮された。取引は割当制によっていた。そこに現れたのが第二の「豊富の時代—Era of Abundance」である。一七～一八世紀には過渡期の闘いがあったが、政府による圧制は最小限となり、個人の自由が最大限に発揮されて自由な取引が花開き、人々は欠乏から解放された。一九世紀には自由放任と自由主義が栄華を極めた。

そして二〇世紀も四分の一が過ぎ、第三の「安定化の時代—the Period of Stabilisation」が到来した。いまや「経済的無政府状態から、社会的正義と社会的安定のために経済力を統制、指導することを慎重にめざす」ため、個人の自由は縮小されている。「一部分は政府の規制であるが、大部分は、製造業者、商人、労働者、農民、銀行業者などの団体、会社、組合、その他の集団的行動による、非公然、半公然、公然の協調」にもとづく経済的規制である。この時代にふさわしい態度をケインズは「新自由主義

New Liberalism」と名づけ、若き自由党員たちに「われわれは、新時代にふさわしい、新しい叡知をあみ出す必要がある」と呼びかけたのである。

ケインズは資本主義経済の舵を協調および規制へ切ろうとしたのである。論調そのものは、翌年に上梓する『自由放任の終焉』と変わらない。このアプローチを古典的な自由主義を支持するハイエクはどう評価するだろうか。フリードマンを始めとするリバタリアンならば、単純に糾弾の旗を振るだろう。だがハイエクの自由主義は、「法の下の自由」を標榜している。「法」による協調や規制は率先して受け入れるようなタイプの自由主義を唱えているのである。それはケインズの言う新自由主義とはどう違うのか。

ケインズのバーク論

二人はこのテーマにつき、文書で議論を交わしてはいない。だがヒントはある。ケインズはさかのぼること二〇年余の一九〇四年、それはちょうどムーアの哲学に惑溺していた頃だったが、『確率論』の原型に当たるアイデアを使徒会で公表、それと前後して一〇〇ページほどの論文「エドマンド・バークの政治原理 The Political Principles of Edmund Burke[*2]」を書いている。スキデルスキーはこの論文に触れ、「ムーアがケインズにとっての倫理学の英雄であるとすれば、バークは彼の政治学の英雄」であった、と評している。

保守党を貶し慣行を忌避するケインズとしては意外なほど、保守主義の祖とされるバークが高く評価されているのである。

もっともケインズは論文中で、バークを自由主義者とみなしている。自由主義は、将来を合理的に予見できるかに語って革命を正当化する共産主義と、将来の不確実性に脅えるあまり過去の規則を踏襲するだけの保守主義の中間に位置づけられる。ケインズの『確率論』は確実性を前提として未来を合理的に予見しうると主張する合理論と、将来はまったくの未知であるから過去の規則を踏襲しようとする反動主義との中間に何かしらの信念や推論の重みを見いだそうとする試みだった。話の平仄《ひょうそく》を合わせるなら、ケインズにとっての新自由主義は、人びとが推論の重さを梃子に不確実性に耐えて活動する立場である。

では自由主義社会において、政治とは何なのか。ケインズがバークの政治哲学に共鳴するのは、「目的」ではなく「手段」を扱うものとして、自制がきいているからだと言う。[*3]「目的」すなわち善の追求は倫理学が扱うべきで、政治学の対象ではない。「政治の本質には普遍的で本質的な望ましい目的があると主張する者は彼（バーク）の敵である。彼は『形而上学的思弁』『抽象的思考』『哲学者の一般概念』等々にも絶えざる攻撃を行った[*4]」。この一文からは、ムーアが提起した「善」の定義の不可能性にケインズが共鳴したことを連想させられる。ストレイチーは、ムーアが「アリストテレス、キリスト、ハーバート・

スペンサー、ブラッドレー氏に至る、すべての倫理思想の作者たちを粉砕した」がゆえに若者たちを魅了したのだと述べているが、ケインズの眼には、政治学においてはバークがムーアと同じく道徳家をやり込める役割を果たしたと映ったのであろう。

ではは政治が善を直接に扱わないならば、誰がどのように追求すべきなのか。「個人の能力において人々に影響を及ぼす問題については、干渉せずに個人に任されるべき」だ、というのがケインズの回答だった。商業活動や慈善行為を展開するのは個人であり、国家の活動はせいぜいそのための条件を整える下働きにとどめねばならない。「個々人がいかなる権利を有するとしても、政府は公益に関係しないことを行う権利を持ち合わせていない」。

国民は個人として自由に活動し一般的な幸福を増進すべきである。けれどもそのためには、彼らの「行為の環境」が整っていなければならない。「身体的な平穏、物質的な満足、知的な自由」が保障されねばならない。政府の任務は、そうした条件を準備することに限られる。

具体的には、政府は何をなすべきなのか。ケインズはバークの主張を三点にまとめている。[*5] 第一は、「被治者にとっての自然な感覚と偏見」を綿密に観察すること。政治家は国民を、その気質や感覚に従って統治しなければならない。第二は、国民を寛容と節度をもって扱うこと。「政府は唯一かつ究極の目標として、共同体の幸福を追求すべき」である。第三は、改革が暴力によるものであってはならないということ。これは、フランス革命が熱狂に導かれたことへの批判である。「我々はみずからや子孫から、先祖の印や特徴を消し去ることはできない」。国民の気質を観察し、それを活かすよう寛容をもって統治し、歴史の絆を損なってはならない、と言うのだ。

ケインズは「賞賛すべき一節」との形容を付し、バークの文章を引用している。「我々の自然に属する気高く正直な感覚を、もっとも活発で成熟したものへと育てること。我々が紳士であることを忘れないまま愛国者となれるよう、私的生活において愛すべき性格を共和国（commonwealth）にとってのサービスや行為に持ち込むこと。友情をはぐくんだり憎悪をこうむったりすること……。これらを精神において注意深く涵養《かんよう》することが、我々の務めである」[*6]。

そのような政治が求められるのだが、しかしケインズにはひっかかる点があった。バークが為政者個人の追求する「善」につき、共同体の利益すなわち公益を反映するものとみなしている点である。ケインズは基本的にバークを支持するのだが、認めがたい反動性はここに由来するとして、批判している。バークは倫理について「真理よりも平穏を好み、将来の利益のため悪を現在に導入することを極端に恐れ、人が正しく行為するということを極端なまでに信じない」。そして共同体において一般的規則とされるものを、「善」の内実とみなしてしまう。バークの社会慣行と英国国教への帰依は、それに由来する。バークは反動主義から距離を取ろうとしたはずなのに、慣行に足を掬《すく》われている。

バークが道徳判断や偏見、動機に着目しているところまでは良い。だがバークはその先へと歩みを進め、それらを正しく分析しようとはしない。それは真理を過小評価しているからなのだ、というのがケインズの主張である。ここでケインズは、将来の不可知性を理由に一般的規則の遵守を説いた点につきムーアを批判したのと同じ論法を用いている。将来についての蓋然性は直覚されるのであるから、政治は過去からもたらされた一般的規則に反してでも便宜的な政策を提供すべきである。バークもまたヒュームやムーアと同じく、一般的規則に拘泥し便宜の姿勢を徹底しなかった。そう保守性が批判されるのである。

このように、永遠の抽象的真理によって導かれる共産主義と、真理の不在を理由とする反動との中間にバークの政治哲学を位置づけるのがケインズの目論見であった。ここにはすでに、急進主義と保守主義すなわち労働党と保守党の双方から距離を置く両義的な立場として自由主義を理解する姿勢が表れている。

ハイエクはなぜ保守主義者ではないのか

興味深い符合ではあるが、ハイエクもまたみずからの自由主義を保守主義および社会主義と対比している（「なぜわたくしは保守主義者ではないのか」一九六〇）[*7]。この論文でハイエクは、保守主義から受け取った恩恵に謝しつつもその欠点を批判することで、自由主義の特質を際立たせようと試みている。

ハイエクが保守主義に共感するのは、言語、法律、道徳、慣習等の自生的な成長に重きを置き研究したのが保守主義者たちだったからだと言う。ハイエクにとっての自由主義は、自生的秩序を形成するよう導く慣行や制度にもとづくものであった。だが保守主義における自生的秩序の理解は、半端に終わっている。過去についての賛美だけが目立っているからだ。そこから三点の批判が出る。

第一に保守主義は、自生的な調整力にたいする信頼を欠いている。対照的に自由主義者は、適応がどのように成し遂げられるのかを知らなくとも、不安なしに変化を受けいれている。第二に保守主義は、権威に過剰な愛着を示す。「保守主義は抽象的理論も一般的原則もともに信用しないため、自由の政策の根拠となる自生的な力を理解しないし、政策の原則を定式化する基盤をもっていない。命令は保守主義者にとって権威の絶えざる配慮の結果」である。保守主義者は自分たちが正しい目的とみなすものに限っては恣意的権力が用いられても鋭くは反対しないし、原則を欠いているせいで特定の賢人や善人の支配に望みを託しがちである。そして第三に、保守主義は経済的な力にたいする理解を欠いている。

保守主義と対比されたことで、ハイエクの自由主義とケインズの新自由主義の相違が明らかになる。ハイエクは伝統や慣行、法によって各個人が拘束を受けるべきだとし、ケインズは主体間の「協調」が安定の時代の特徴だとした。個々人が引きつけ合う絆ももたずに利益を求め浮遊すべきではないとした点で、二人の市場理解には共通性がある。違いは、保守主義を批判する理由である。ケインズは、保守主義は過去からもたらされた一般的規則に拘泥するところが欠点だとして、自由主義の政治には「便宜の原則」が必要なのだと主張する。対照的にハイエクは、保守主義は一般的規則を信用せず、権威による命令に従う点で拒否すべきだとする。自由主義は一般的規則の拘束を受けることで社会に自生的な秩序をもたらすとみるのである。

ケインズにとって一般的規則は、慣習の形で実在し認知されている。確定した過去と不確実な未来との間に挟まれる現在においては、推論の重みが直覚される。直覚は慣習を無視しても得られるものという若き日の信条は後に反省するところとなったが、しかし慣習にも一片の真理があると認めた上でも帰納的推論にもとづく直覚は捨てていない。新自由主義の政策は、直覚にもとづく便宜を原則とするのである。金本位制にしても慣行的な一般的規則であり、ケインズは直観によってそれからの離脱を唱えた。分かりにくいのは、ハイエクの「法」かもしれない。彼にとっての一般的規則や法は母国語における文法と似て、必ずしも言語化されているわけではない。それは競争的に発見されるべきものである。

ケインズは市場、とりわけ金融市場に不安定性を見いだし、だからこそ便宜の原則にもとづく安定の時代の到来を説いた。一方ハイエクは、市場が秩序と安定を生み出すとし、その条件として法を位置づけた。ケインズの便宜とハイエクの法は、どのような関係にあるのだろうか。それを検討するために、『自由の条件』に述べられたハイエクの経済政策論を眺めてみよう。昨今では経済政策が便宜的に施行され、一部の利益だけが優先されているとハイエクは怒りを隠さない。

完全競争とは似て非なる市場競争

政府の経済活動全般について、ハイエクはこう述べる。対価を支払う個人に商品の使用を限定することが技術的に不可能か、もしくは費用が高すぎるような公共財（ハイエクは「近隣効果」を有する財、と表現している）につき、政府による供給はあって当然である。「『最小国家』を唱えるどころか、進歩した社会にあっては、さまざまな理由から市場によっては供給できない（あるいは適切に供給できない）多くのサービスを供給するために、政府が課税によって資金調達する権力を使用すべきであるということに議論の余地はない」[*8]。この点は公共財につき教科書的、ないしは常識的な判断であり、リバタリアンならば政府の活動を容認しすぎだと批判しかねぬ発言である。

経済活動の自由とは、法のもとでの自由の意味であって、すべての政府活動の欠如の意味ではなかった。……（A・スミスやJ・S・ミルらが）原則の問題としては反対した政府の「干渉」あるいは「介入」とは、それゆえに法の一般的規則によって守ろうとしていた私的領域の侵害のみを意味したのであって、政府が自ら経済問題にもかかわってはならないとは考えていなかった。[*9]

こう考えれば、ハイエクの自由論がたんなる「小さな政府」を目指すものでないことは明らかだろう。自由とは法の拘束を受けることなのであり、法によって個人が私的領域への侵害から守られる程度には政府は大きくなければならないのである。

もっともハイエクは、政府がサービスを供給するにしても競合する他の機関にも供給させるべきだと注意書きを付けている。その際には公共と民間の二分法でなく第三のセクターも考慮すべきだとなる。さらに特定の地域・地方の住民の必要だけを満たす集合財（公園や博物館、劇場や運動施設の福利施設[*10]）についてはサービス管理も課税も地方当局に任せた方がきめ細やかに目標達成でき、住民はサービスが気に入らなければ移動するから競争が確保されるとして、中央集権的な独占は否定される。技術的に公共的に提供せざるを得ないサービスが存在することは認めるものの、独占的・硬直的な供給態勢は避け参入可能性を確保すべきだという主張である。

けれども「独占」は、ハイエクにとって即座には悪ではない。と言うのもハイエクにとって市場競争は、なにより知識を発見する過程だからだ。ハイエクが新古典派とたもとを分かつのがここである。何をもって市場の健全な状態とみなすかの判断が、「完全競争」を基準とはしていないのだ。それゆえ独占についての理解も違ってくる。

「完全競争」は同一費用で多数の生産者が多数の消費者に供給をなしうる状態だが、これは「望ましくも可能でもない」。というのも少数の企業だけが持ちうる技術・立地・伝統上の優位性といったものがあるからで、競い合えばそれらの条件において単独の境地に達する企業も現れるだろう。逆に言えば数が多いことはドングリの背比べであるにすぎず、規模で突出していることも価格支配力も市場にとって有害さを示す尺度にはならない。

ハイエクにとって競争とは、技術や立地や伝統についての条件が等しい状況で価格を競い合うことではなく、価格とともに技術や立地、伝統においても競うことである。競争の結果、どの企業が利益を上げるかにより、どんな技術や立地、伝統や価格が顧客に求められているのかが発見されることの方が重要である。そして商品やサービスの意味が新たに見出されると、その情報が伝わってゆく。経済環境も変化しているから、適応しなければならない。利潤は、その適応の仕方に応じて生じるのである。

知識が生成し伝播する過程としての市場の働きを最善に保つことが最重要の課題だと言うのだ。個人にとっての自由にせよ、法により保護されるべき領域にせよ、市場を機能させるための手段にすぎない。公共財は市場によって提供されないならば政府が供給すればよいだけで、政府の大きさを小さくすることはそれ自体としては目的にはならない。「完全競争」を基準として判定される効率性が経済の第一目標ではないのだ。

交渉民主主義の経済政策

ハイエクにおいて「政治」は、恣意的な政策の施行のことではありえない。恣意的な政策は「命令」であり、「法」と対比されるものである。政策は、誰に対しても利害を問わず包括的に課されねばならない。「包括的」とは、その公平性を指す。そして所得の再分配をよしとする潮流が、公平性をむしばんでいる。

ハイエクは一九三〇年代には社会主義と厳しく対立したが、一九六〇年の『自由の条件』以降、市場競争が法のではなく恣意的な命令の拘束を受けるようになったと懸念を示している。それは福祉国家化の世界的な展開と時期を同じくしている。社会主義はロシア革命以降、「生産・分配および交換手段」の国有化を綱領としたが、社会的正義どころか以前よりひどい階層化と独裁をもたらし、個人的自由を消滅させた。それを理解した自由主義国では、社会主義に対して激しい拒否反応が生まれた。ところが福祉国家は最低所得の向上や社会保障の完備、累進課税など、もっともらしく感じられて真正面からは反対しづらい主張を含み、自由主義圏に浸透していった。そこでハイエクは、これがいかに「法の下の自由」にとっての脅威であるのか、警鐘を鳴らすようになる。

福祉国家化は、社会保障や課税、貨幣供給や労働組合といった個別の具体的事例を考える際の「考え方」のレベルと、それを法的政治的に正当化するような民主制のレベルとで、同時に進行した。『自由の条件』で検討されるのが、前者である。[*11]

社会保障から見ていこう。ハイエクは社会保障につき、元来の救貧法の精神に立ち返るべきだとする。老齢、失業、疾病などのリスクに備えることは、本来は各人の責任において行われねばならない。社会が弱者を救うのは各人に利益を与えるためではなく、彼らをお荷物にしないことが社会の利益となるからである。

それゆえ国家は失業者に対し最低所得を保障する必要はあるが、周期的失業について適切な通貨政策によりできる限り減らすよう努力するなら、それ以上はなすべきことがない。つまりそれ以上の賃金を得たければ、労働者の自助努力に任されねばならない。ところが労働組合は所得政策として、しばしば最低賃金の引き上げを求める。これは個人にとっては避けがたい周期的失業から保護する以上の要求である。ハイエクはここで、自由主義国家がなすべき最低所得の保障が福祉国家によって「所得の再分配」というまったく別の要請へと転換させられている、と指摘する。福祉主義はことあるごとに「所得の再分配」というすり替えを行っている、と非難するのである。

ただし、最低所得の保障という主張には、逆に新自由主義者から批判が加えられるかもしれない。けれどもハイエクにおいては、時と所により出会える機会は異なるし、知識も一律ではない。つまり市場は機会が不均等なゲームである。しかし市場がなければ社会は維持できない。最低所得保障は、市場を維持するための社会的コストなのであろう。

引退後に備えるために、各人は貯蓄しなければならない。ところが意志の弱い人が存在するため、年金制度が生まれた。年金の本質は強制貯蓄としての積み立て方式である。ところがここに高齢者を救済したいとか彼らは「適当な」所得を受け取る権利があるとかいった見方が付け加わると、いつの間にか高齢者を若年世代が支える賦課方式にすり替えられる。いまや年金は、自助努力では避けがたいリスクを国家が側面から支えるという自由主義的な政策ではなく、世代間の所得再分配の道具と化している。そうすることにより、扇動的政治家は高齢層の票を得る。これはまさに日本でも起きたことだ。

では、かくのごとく所得の再分配をごり押しする勢力の中心たる労働組合は、自由主義においてなぜ容認されるのか。労働組合にかんしては、「結社の自由」が危機に瀕しているという勘違いが蔓延しているとハイエクは言う。組合に対する差別はほぼ解消されている。それにもかかわらずなお抑圧が続いているかのように喧伝され、逆にストライキという例外的な特権を得てしまった。労働組合が賃上げを要求しうるだけの独占力を有するようになり、市場で決定されるべき仕事の相違に応じた報酬の相違や昇進の規則が公正とはみなされなくなってしまった。それはコストプッシュ・インフレーションの原因にすらなっている。

ハイエクは、労働組合に結社の自由を認めないわけではない。労働組合が非組合員に対し仕事から排斥するという権力を乱用し、脱退の自由を事実上認めないでストライキ等で力を発揮するようになったことを批判しているのであり、誰にでも同一のルールが適用されるよう求める。

一連の分析で貫かれているのは、法は恣意的差別があってはならず、全員に一律に適用されるものでなければならないという信念である。法は以前から人々が従っているルールを言い表したものだが、言語化される際には利害にかかわらず一律に適用されねばならない。こうした法の理解は、所得の再分配に向けての強力な手段である累進課税を批判する際にも見られる。所得税の累進制は、古くは租税の分担を「支払い能力」に応じてなすべきだという主張によって正当化された。これは、ヴィーザーによって「限界効用の逓減」という概念を用いても説明された。カネを持てば持つほど限界効用が逓減するなら所得が多い人ほど一円の税を支払う負担感は薄いはずだから、犠牲を平等にするには所得税は累進的であるべきだ、とされたのである。

ここでは、貧者を救うには累進税によって富者が犠牲になることは仕方ないとみなされている。だがハイエクによれば、この説明は神話にすぎない。最高額所得層に課される高税率から得られる国庫収入は総収入にくらべて少額で、しかも貧者自身も間接税の負担があり、さほど救われていないからだ。所得税の累進制により利益を得るのはもっぱら暮らし向きのよい労働者階級と中産者の下層だと言う。

ここでは富者が所得再分配の犠牲になっているが、ハイエクは技術進歩や投資への動機が損なわれることに注目を促す。とりわけ著作者、発明家、芸術家やスポーツ選手は、数十年間努力を重ねても報酬がほんの数年に集中することが多々ある。収穫をそのわずかな間に刈りとるしかなく、その年に累進的に課税されるのは、危険の多いそれら冒険的事業に対する不当な差別である。知識を生みだし社会秩序を進展させる原動力はそうした人々が担うのだから、彼らの動機が損なわれることは社会にとっても損失である。

それゆえに所得税率を一律にする比例税こそが望ましいということになる。比例税であっても、絶対額としては富者はより多くを支払わねばならない。人びとは相異なる額を支払いつつも、均一の原則（一律の税率）を適用されているのである。

この説明においてハイエクが、効用の個人間比較が不可能というありがちな批判を強調しない点に注意したい。ハイエクは、多数者が単に多数であるという理由で自分自身には適用しない規則を少数者に課す権利があるとするのは不当だ、と言っているのである。彼はそもそも多数決原理を万能とは考えないし、法はみずからの有利不利の判断をもとに他者に強制すべきものではない。それは「民主主義それ自体よりもはるかにもっと根本的な原則、すなわち民主主義の正当の根拠となる原則の侵害である」[*12]。「法の下の自由」の「法」は市場競争によって知識がもっともよく伝搬されるようにするものであり、それは同時に民主主義をも根底から規定するものである。

市場競争によって普及させられる「知識」は、企業家の冒険が実験的に生み出したものである。ここでは、「少数者の意見が多数者を説得していく」過程が市場の働きとして重視されている。世の中の変化は少数者が編み出したアイデアが普及する過程で現れる。それを主導するのが市場なのである。一方、民主主義は「権力保有者の平和的な交替を可能にする単なる協約[*13]」であるが、「多数者の意見に少数者を従わせる」多数決を基本原理としている。意見の普及という観点からすれば、民主主義には多数決が乱用されれば市場と対立する可能性を有しているのである。

ところがその民主主義が自己否定せんばかりに変質しつつある、という暗い予感がハイエクを襲うようになる。『隷属への道』によれば、古典的な自由主義はイギリスで二〇〇年ほどをかけて発展し、一八七〇年を頂点に次第に衰退してきた。[*14]替わりにドイツで台頭してきたのが共産主義・ファシズム、そして民主主義だった。このうち共産主義とファシズムは同根のものだが、大戦や冷戦によって終息していった。問題は、民主主義である。これが晩年のハイエクの主張となる。

現実に民主主義が福祉社会化のもとで「交渉民主主義」と化すと、「法」は多数決により歪められ一般性を欠く「法律」となって、便宜性を高めてゆく。その結果が最低所得や年金、労働組合、累進課税に見られるような所得の再分配に注目する便宜の政治である。これが民主主義に対するハイエクの評価となっていく。

第九章　二人を分かつもの——秩序と危機の認識

「原理か便宜か」

　これまでハイエクとケインズの社会経済思想を、経済観を軸に、自由主義について、科学の方法について、慣習について、国際通貨について、保守主義について等、比較してきた。二人の経済学にかんする立場は、出発点まで遡っても鋭く対立するものだった。その対立は、最後まで解消されないかに見えるものでもあった。そしてたどり着いたのが、両者はそれぞれ「原理」と「便宜」を中心的な価値とみなす点で対立しているのではないか、ということであった。けれども「原理か便宜か」は、両者が最終的に対立していることを示す基準といえるのだろうか。

　ハイエクは『法と立法と自由』の第3章「諸原理と便宜主義」で、原理と便宜につき詳細に検討している。その内容はおおよそ前章で述べた通りである。ところが二〇年足らずの時を経て「便宜」をもたらす精神は社会主義・ケインズ主義・福祉主義等、一括して「設計主義的合理主義constructivist rationalism」と呼び直され、これに対立するものとして「心と社会の同時的進化」を挙げている。「原理か便宜か」は、晩年にはさらに「ルールの進化か設計主義的合理主義か」と言いかえられたのだ。

ルールの中でも商品の分類は、売れ行き次第で市場で求められないと判断されれば淘汰され、別の分類に差しかえられる。では社会を規律づける法は、どのようにして適不適が判定されるのだろうか。裁判の判決から法体系に新たなルールが付け加えられるとしても、特定のルールを加えてよいのか市場のようなテストが行われるわけではない。

ハイエクは、明文化された法は慣習や伝統とともに政府や個人を規律づけると見た。論理的な順序で言えば、明文化されないルールとしての慣習や伝統があり、その一部が言語表現されている。けれども法としてさらに慣習や伝統から導いたルールが権力により強制されるとすれば、新たなルールは妥当性を有する必要がある。

一つの考え方は、ルールの効果につき功利計算してみるというものである。これはルール功利主義と呼ばれる立場である。たとえば富者から金品を奪いこれを貧者に与えたとき、全体としての幸福が増進するならば、その行為は行為功利主義によっては正当化される。しかし盗みを禁ずるルールは財産の安定に寄与するから、それを破る行為は全体の功利によって否認されなければならない。こちらが「ルール功利主義」で、ともに帰結主義であるこれら二つの立場は、一般には矛盾しているとされる。[*1]

行為功利主義については先述のように結果が原理的に不明という理由からハイエクは否定したが、ではルール功利主義はどうか。一人の人間が従っているルールは、一つだけとは限らない。ハイエクは、ルールが多くの層を持つと考えている。それぞれのルールがもたらす結果が複合してシステム全体の功利を帰結するのであるから、功利計算したところで単独のルールについて評価することにはならない。こうしてハイエクは、ルール功利主義についても否定する。

「正しい行動の抽象的ルールは機会だけであって、特定の結果を決定することはできない」[*2]というのがルールについてのハイエクの議論の出発点であった。市場において企業家は、法のもとで利益獲得機会に直面している。人々の相互行為の帰結としての市場の自生的秩序にせよ、予想不可能である。むしろ、「特定の行為の帰結すべてを知っているからではなく知らないからこそ、人間は行動ルールを発展させてきた。それゆえ、われわれが知るような道徳や法のもっとも特徴的な特質は、それらが特定行為の周知の効果とは無関係に守られるべきルールから成り立っているということにある」[*3]。人間は激変する環境を表現すべく言語を変化させているが、かといって次に何が話されるのかは不明である。

となれば直覚によって正しいルールが選べるなどとは言えないハイエクはどうするのか。これについてのハイエクの主張は揺れている。あるときは、「地位がくじ引きによって決定されることを知っているならば自分の子供をそこにおくほうがよいと考える社会が最善の社会である」[*4]と述べ、無知のヴェールのもとでの合理的選択による社会契約というJ・ロールズの説に接近する。しかし社会契約説は設計主義の本流をなすものであり、しょせんは水と油である。[*5]そこで「社会の構成員が未知の目的を首尾よく達成する機会を等しく高める」とか「カタラクシーのゲームは全員の機会を改善する」と述べたりする。

そしてルールが妥当であるかについての正当化の根拠を模索した挙げ句、いささか唐突に環境による自然淘汰説を導入するのである。[*6]ハイエクの説明によれば、マンデヴィルやヒュームによって切り開かれた文化の進化にかかわる社会哲学は、スミスやファーガソンらスコットランド啓蒙哲学者によって経済学に、バークによって政治学に分岐し、大陸に上陸してヴィルヘルム・フォン・フンボルトの言語学、フォン・ザヴィニーの法の歴史学派に翻案された。それにメンガー以降のオーストリー学派の経済学が続き、その後継者としてハイエク自身が登場するのである。[*7]こうした学説史の系譜からハイエクが読み取ったのが、自然淘汰説とそれにもとづくルールの進化論だった。

文化の進化……の大部分は伝統的なルールを破り、新しい行動様式を実践する一部の人たちによって可能とされたのである。それはかれらがその行動様式をより優れたものと解したからではなく、それにもとづいて行動した集団が他の集団よりも繁栄し発達したからである。[*8]

ルールの優劣を規定するのはそこから帰結する社会の環境への適応力だ、と言うのである。ハイエクはさらにそこから一歩先へと歩みを進める。繁栄は人口の増減に表れる、と断言するのである。グループ・セレクションの中ではより良いルールをもつ社会はその構成員を増やしていき、劣るルールをもつ社会はその構成員を減らしてゆく、と今西錦司との対話の中でハイエクは語っている。

だが、人口増が続くアフリカ諸国を見ても分かるように、人口増だけで繁栄の指標とするのはいかにも乱暴ではある。実際ハイエク自身も『致命的な思いあがり』第8章では、先進国で人口が減少するならば、そのライフ・スタイルの影響を受ける発展途上国でも人口が減少し、世界の人口問題は自然に解消するだろう、と述べている。けれどもそれだと、人口の増加をもって文化の優位を判定することにはならない。人口の増減以前に「先進」国か否かが判定されているからだ。自然淘汰説は、何をもって繁栄の尺度とするのかの基準を明記するならば、とても採用できそうにない。

いくつかの説明のなかでもっとも有望と思われるのは、出発点に戻って帰結主義的な説明を断念するものである。ハイエクは法の有するべき属性として、法には確実性があること、法は平等に適用され一般性を有すること等を挙げていた。これらは「原理」にかかわっている。とするならば、法を新たに付け加えるのについても、確実性や一般性、平等性は求められるのではないか。『法と立法と自由』でハイエクは、こう述べている。

> 正しい行動ルールは「意思」や「利益」によって、あるいは特定の結果にたいする似通った目標によって決定されるのではなく、各世代によって継承されたルールのシステムを整合的にしようとするたえざる努力……を通じて発展するのである。開かれた社会を可能にしてきたものと同じ種類の新ルールを、意図的に今あるシステムに適合させたいと願う立法者は、新ルールに消極的テストを受けさせなければならない。[*9]

新たにルールを付け加えるとき、既存のルールと新たなルールが互いに矛盾するなら、それらを整合的なものにしなければならない。ハイエクはこれを、「正しくないものを徐々に排除していくことができる消極的テスト」すなわち「普遍化可能性のテスト」、ないし「内在的批判」と呼んでいる。

この内在的批判は所与のルールのシステムの内部で進展し、特定のルールをある種の行為秩序の形成を誘導する際の他の承認されているルールとの整合性と両立可能性とによって判定する。いったん、そのような既存のルールのシステム全体が生みだす周知の特別な効果に帰着させることができないと認めるならば、この内在的批判は道徳的、法的ルールを批判的に検討するための唯一の基礎となる。[*10]

商品の分類というルールは市場という外圧により淘汰され進化するが、法は外部環境によってテストされ淘汰されるのではなく、体系内部の整合性によって発展する。[*11]ルールの変化がどのような帰結をもたらすかは不明ではあるが、ともあれ内在的批判もしくは不正義を取り除く消極的テストを通じてルールの体系は展開してゆくと言うのだ。

「内在的批判」とルールの進化

このようなハイエクの「揺れ」は、設計主義が交渉民主主義や福祉主義のせいで欧米を制覇しつつあるという嫌な予感が彼を支配しつつあったせいなのかもしれない。設計主義には、社会主義や福祉主義などヒューマニスティックなイデオロギーであるだけでなく、帰結を予想可能とすることで論旨が明快になるという特徴がある。

そこで交渉民主主義に侵されず、「内在的批判」にもとづく自由社会をより堅牢に構築するため、ハイエクは改めて「立憲政体のモデル」の構想を発表した。[*12] この案は貨幣発行自由化論と並びハイエクにとっては理想の自由主義を保障するもので[*13]、各人の保護すべき個人的領域を定義し、さらに正しい行動ルールを制定しうる立憲政体の概要を説明している。なかでも特徴的なのは、「立法院」が事例ごとに便宜的に法を改変しないよう、将来の未知数の事例に適用される普遍的ルールにみずからを縛るよう工夫がなされている点であろう。

まず「基本条項」として、ノモスの意味での法が定義される。政府の強制権力には限界があることが述べられ、法は不特定数の将来の事例に適用されるものとする。基本的権利は法で述べられ、それが保護するのは恣意的強制の欠如という意味での個人的自由である。言論・出版・信仰・集会・結社・住居や通信の不可侵のような人権も、法に制限される可能性があり、絶対的な権利ではない。立憲政体には憲法会議、立法院、裁判所、行政院、政府（行政院の執行機関）、行政官僚機構が属するが、互いに牽制しあって分立しており、「主権」はどこにも存在しない。

「憲法会議」は専門の裁判官と前の立法院・行政院の成員からなり、正しい行動のルールを施行するための政府の権力と、政府の管理に委託された物的手段を使用する権力の混同を防ぎ、権力を配分し制限する。「憲法」は法体系を発展させる過程を規制する上位の法で、正しい行動のルールたる「実体法」は憲法によって権力が制限される立法院によって発展させられる。

「立法院」は四五〜六〇歳の各年齢の代表により構成され、毎年、$\frac{1}{15}$が交替する。選出するのは同世代のクラブで、あらゆる社会階級の同時代人を結びつけることを目的とする。引退しても「名士」として、六〇〜七〇歳までは特定の利益や組織された党派から完全に独立した、中立的かつ公的な仕事が保証される。

「裁判所」は立法院の決議が形式的に法であるかを判定する機関である。

「行政院」は現行の組織をモデルとするが、立法院によって制定される正しい行動ルールに拘束され、それが正当と認めない命令は私人に発することができない。これは行政が立法と癒着して肥大化することを防ぐための規定である。

ハイエクはこうした理想的な立憲政体により「内在的批判」が行われれば、ルールは順調に進化すると考えた。新たに導入されようとしているルールが接ぎ木にすぎず、それを受け入れたせいでシステム全体が帰結として衰退する可能性は排除できるとみなしたのである。

危機感覚の違い

ハイエクが唱えたのが自生的秩序論とルールの内在的批判だったとすれば、とりわけ後者はルールについて既存の体系に配慮する、その意味では保守的なものであった。ではケインズの便宜主義はどう展開されたのか。

慣行にもとづくルールに期待するよりも直観的に正しいと理解される政策を便宜的に施行すべきだというのがケインズの初期の立場であった。ところがそれを否定するかのような文章が残されている。一九三〇年に出版された「わが孫たちの経済的可能性[*14]」である。この文章でケインズは近代の経済を振り返り、一〇〇年後を予言してみせている。「自分自身を短期的な見方から解き放ち、未来に飛翔する」試みだという。もっぱら短期的な政策を唱え主張を二転三転させたという印象のあるケインズだが、この文章では、遠い将来に安定した経済段階がやってくるのだと展望している。ハイエクとは対照的な楽観ぶりである。

ケインズによれば、地球上の経済水準には一八世紀初頭までは大きな変化がなかった。

イギリスで経済成長が始まるのはスペインからドレイクが運んだ金銀によって資本蓄積が開始されてからで、それは東インド会社へ投資され、複利の働きで一五八〇年の一ポンドが一〇万ポンドまで拡大した。「現代は、一六世紀に始まった資本蓄積をもって幕をあけた」のである。その上、紀元前にはほとんど出揃い変化のなかった技術が急速に革新され始めた。一九三〇年頃には四〇億ポンドが海外投資され、六・五％の年利で所得を得て、そのうちの半分が本国へ送金をされるに至った。こうしたことがあと一〇〇年も続けば、先進国の所得は四倍から八倍になり、「重大な戦争と顕著な人口の増加がないものと仮定すれば、経済問題は、……解決されるか、あるいは少なくとも解決のめどがつくであろう」。

だがしかし、「経済的至福」という目的地に到達するまでには、いくつかの障害がある。過渡期の現在において行わねばならないのは、第一に人口の調整、第二に戦争を回避する決意、第三に科学的管理、最後が生産と消費の差額によって決まる蓄積率の確保である。これらをあと一〇〇年間維持しなければならない。それには、「エセ道徳律」が有効である。財産を貯め込もうとする貨幣愛もその一つだ。貨幣愛は、唾棄すべきものである。しかし孫たちの世代において経済問題を解決するには、それまで営々と資本蓄積を行わねばならない。可愛がるのは目の前にいる自分の猫でなく、その仔猫、いや仔猫でもなく、仔猫の仔猫……と、現在の楽しみを延期し、蓄財しなければならない。それがヴェーバーが「資本主義の精神」と呼んだ貨幣愛である。

これは新古典派が貨幣に託するような、「人生の享受と現実のための手段としての貨幣愛」、すなわち財と交換して消費し、生活を楽しむ手段としての貨幣愛ではない。将来に向けていつまでも保有し消費しないことすら容認する精神である。それは投機を行うなかで不意に混乱に巻き込まれると、流動性の罠やバブルといった病的な心性にも感染してしまう。

ケインズはかつて若き日にこうした貪欲や高利、警戒心などの慣行的な道徳律を憎み、いまなお「エセ道徳律」と呼んでいる。だが変わった点がある。あと一〇〇年、さらに富の蓄積を続けなければ経済問題からは解放されない。とするならば我慢を重ね、それまでは「公平なものは不正、不正なものは公平」と偽るしかない。貨幣愛のような慣行的な道徳は忌み嫌うべき人間性であり、それを最高の徳と奉ってきた現代経済は呪うべきものである。だが経済問題を解決し真の道徳に満ちた世界にたどり着くには、あと一〇〇年間、こうした現世に耐え続けエセ道徳律に従わねばならない。経済学者は現実を罵倒するよりも、痛みを除く歯医者でなければならない。ケインズはこう回心してみせる。

ケインズのこの文章には、彼の時間意識が鮮明に表れている。つまり現在は唾棄すべき不公正に満ちているがそれは例外状況であり、将来には安定した未来が眺望できるのである。そのように不公正さを事実として受け止めつつ、社会を正常な状態に導くのが為政者の務めなのだ。道徳律を「エセ」呼ばわりしつつもそこに一片の真理を見いだすようなケインズの成熟が、ここにも垣間見える。

ケインズの唱える「便宜」とは、流動性の罠をも生み出しかねないエセ道徳律としての貨幣愛が蔓延する状況を受け入れつつも、その只中で歯痛を治すように、投機がもたらす心理的逸脱を安定させるような経済政策のことであろう。問題は、慣習的な道徳を受け入れたとして、そこから歯医者のように便宜的な治療を行うことが可能か否かである。

ラムジーによって『確率論』における直覚主義にもとづく帰納法の正当性が否定されて以来、ケインズは経済において何が「同質な単位」であるのかを直観よりも慣行(convention)からの解釈によって見いだす道を選んだ。社会を外部から分析するのでなく、内部から観察する道に進んだ、と言ってもよい。ハイエクはルールの発見を行うのが市場における企業家や司法における裁判官の役割だとしたが、ケインズは為政者や分析者がそれを行うとしたのである。慣行と整合的なものとして新たに妥当なルールが発見されるということについては、両者はほぼ同じ立場をとるようになったのだ。

ところがケインズは、ハイエクにとって無矛盾に見える認知やふるまいの規則からも、投機によって金融危機という無秩序が自生してしまうと考えている。ハイエク的には事前にしっかりした規制があれば、そもそもバブルも金融危機も生じないはずである。新自由主義者たちの唆《そその》かしによりそうした規制が取り払われたアメリカでサブプライム危機やリーマン・ショックが勃発したのは、ハイエクの主張からすれば当然の出来事ではあった。ケインズにとっても事前の規制を拒否する理由はなく、しかしいったん危機が起きてしまったならば素早く事後的な解決策を講じ、人々を確信の危機から救おうとするだろう。この解決策は便宜的であり対症療法的でもあるが、ハイエクもまた危機と認定したならば解決策を講じるにはやぶさかではないはずだ。

実はハイエク自身が、立憲政体における原理の適用に留保条件をつけている。危機的な状況に見舞われた際には基本原理が一時的に放棄され、「緊急権力」を樹立せねばならないと述べているのである。

外敵が迫っているとき、謀反や無法な暴力が発生したとき、あるいは大きな天災が確保できるあらゆる手段による迅速な行動を要求するとき、正常時には誰も保有しない強制的な組織化の権力が誰かに与えられなければならない。[*15]

つまりハイエクも、原理だけでは対応できない例外状況が起こりうると認めているのである。慣行をもとに平時の紛争で解釈を行うのは裁判官だとハイエクは言うが、しかし危機において便宜的な措置を講じるのは政治家であろう。ケインズの流動性の罠（や逆のバブル）は、社会心理として過剰な不安（や過度の楽観）が蔓延することによって生起する。世界的な金融危機がそうだ。そうした不安心理は人々が将来の資産価値につき関心を持ちすぎるために生じるのだが、果たしてそれは天変地異のような例外状況と言えるのか。ハイエクは法が進化することによって判決の予測可能性が高まると述べているが、例外状況とは大半の人の予測が外れるような状態だろう。それを危機と認めるならば、ケインズが唱えたような金融財政政策も、恐慌やバブルに際し社会心理を安定化させるため緊急権力により発動されるべきものとして正当化すべきではないか。

ここまで来れば、問題は例外的・危機的とみなすための条件とは何かに移行する。[*16] それは判断する人のキャラクターないし判断力に依存している。二つの大戦期をまたいで生きたケインズは、時論家・政策当事者として危機の連続に直面した。危機があと一〇〇年続くと当人が考えてもおかしくないほど、その人生は綱渡りの連続であった。それゆえ彼が唱えた多くの便宜的政策は、（少なくとも当人にとっては）危機状態を平時状態へ、将来における原理的政策へと誘導しようとするものだった。原理的政策である金本位制から離脱しつつ便宜的に管理通貨制を講じ、しかし最終的には第二次大戦後の国際清算同盟案を原理に立ち返って提案するというように、片翼飛行を強いられたような危機状態の現在を生きつつ、将来の原理にもとづく安定した制度設計への軟着陸を目指したのである。

一方ハイエクは、第二次大戦後も半世紀近く生き抜いた。最大の思想的ライバルであった社会主義の死亡宣告を聞きとげてから彼は身罷《みまか》ったけれども、勝利の歓喜に浸ったわけではない。というのも彼にとって戦後の西側世界は、危機というよりもごく緩慢に民主主義が利益誘導型のそれへと変質していく過程だったからだ。ハイエクが政局のただなかで発言するよりも思想を粘り強く語る道を選んだのも、現代を平時と判断したからだろう。

とはいえ時局を危機状態とみなしてケインズのようには敏感に反応しないのは、ハイエクの個性なのかもしれない。彼は第一次大戦で飛行中に銃撃に遭い、飛行機がきりもみ状に降下した際、ベルトをはずして手摺りに登り、パイロットは地面ぎりぎりで水平飛行に戻したと回想している。

ある意味で私は恐れ知らずです。肉体的に、という意味です。……戦争のとき、そのことに気づきました。若者たちが恐れ知らずで危険な目に遭うことはよくあることですが、私は死を恐ろしく思ったことがないのです。そのことは、一定の精神的安定と結びつきます。私はまた、人が高揚したときに経験する目眩とも無縁です。……私には神経が欠けているのです。[*17]

ハイエクには、乗りこんだ飛行機が落下するのにも平静に対処する神経の太さが備わっていた。良心的兵役拒否の立場をとり戦場に赴かなかったケインズとは、危機感覚が異なっている。最終的には両者の筆致を分けたのは、何を危機と感受するかの感覚の差だったのであろう。

あとがき

三〇年近くも前のことになるが、当時『季刊　現代経済』の編集長だった八木甫《はじめ》氏からお誘いいただき、ケインズとハイエクについて原稿を書いたことがある。まだ日本ではハイエクが正当な評価を回復しておらず、古賀勝次郎氏による精力的な紹介で『自由の条件』以降のハイエクの軌跡が明らかになりつつあった頃のことである。

その原稿では、両者は期待にかんし注目する点では共通していながら、ケインズが不確実性にこだわるのに対しハイエクが秩序を志向しているという対立に焦点を当てた。けれどもその後私は両者を比較したりハイエクについてより深く論じたりすることはなかった。一九八〇年代にはケインズの伝記や哲学にかんする研究が進み、ハイエクは自由論・法論が社会思想方面、経済計算論争や知識論が経済学界で再評価され始めたのだから、私は学界の潮流からとり残されたのだと思う。

けれどもそれ以上書けなかったについては、私にも理由がなくもない。ケインズの伝記や哲学が現実の世界経済をどのように照らしているのか腑に落ちなかったし、ハイエクが結局のところ市場にかんし何を独自につかみだしたのか納得いく答えがみつからなかったのだ。もっともそれらは学界人としては不要もしくは邪魔な感覚であるに相違なく、両者についての研究業績は次々に刊行されていった。だが私はというと、それらを読んでも心を騒がされることもなく、何が満たされないのかすら分からないままであった。

そして私は二人から離れ、現実の社会経済につき分析したり、景観や街並み、消費について論じたり、経済学説史を通覧したりする仕事にかかわっていった。自分なりに、社会をリアルに理解しようとしたのだと思う。そして昨年の初夏、不意にケインズとハイエクに再会する機が熟したという気分に襲われた。彼らの語る言葉が、ありありとしたリアリティを伴って理解できるように思われたのだ。不思議なもので、ちょうどそうした折に講談社の岡部ひとみさんからこのテーマで執筆するよう熱いお誘いを頂戴した。一も二もなくお引き受けしたのは言うまでもない。それゆえ本書は、直接にはケインズとハイエクの残した文献を論じるものでありながら、現実の世界や人々の暮らし、経済思想史についてこれまで自分が考えてきたことを両者の言葉と照らし合わせる作業として書き上げたものである。

ところで現実を学説史から見直すことには意味がない、と言う人がいる。現代の理論には過去の学説が昇華されている、というのがその理由であるらしい。けれども構造改革以降の日本経済につき、「新自由主義」と呼ばれることはあっても「重商主義」と称されるのは聞いたことがない。ところがアダム・スミスの『国富論』を虚心坦懐に読むならば、やり方こそ生産要素の市場慣行を解体するというように異なってはいたものの、政府主導でリストラを容認し、一部輸出企業に対外金融資産を蓄積させてきたという点ではそれはスミスの言う重商主義だと思う。

ケインズとハイエクが残した文章にも、現代に光を当てるものが多くある。ケインズは一九三〇年代のイギリスで不況対策として低金利政策により銀行の融資で国内投資を活発化させるよう推奨したが、それだと資本はより金利の高い外国へと逃避してしまう。そのジレンマを解消するため、ケインズは国際資本移動に制約を設けるべきだとして「国家的自給」を唱えた。ケインズのこの文章を読むと、低金利政策ゆえに資本逃避が起きている現在の日本経済を描いたものではないかという錯覚に襲われる。

またハイエクは、信用拡張が誤投資をもたらすと、最終的には激烈な揺りもどしが訪れ生産期間が短縮され恐慌に至るとしている。日本の長期にわたる低金利政策で円キャリー・トレードが行われてアメリカの不動産投資を少なからず誘発し、アメリカ国内での投資銀行などとともにサブプライム危機やリーマン・ショックを引き起こしたのだとすれば、これらはハイエク的恐慌であった。その間、金融緩和を盛んに煽る人々がいたが、日本国内では企業が貯蓄を積み上げつつあった（これはケインズ的には「流動性の罠」である）だけに、国内よりもアメリカでの投資につながったのだろう。ハイエクの資本理論は、基本的にリフレーション政策批判だったのだ。

さらに野田政権のもとで関税の完全撤廃につながるようなTPP（The Trans-Pacific Partnership Agreement 環太平洋経済連携協定）に日本が参加することになったが、製造業を中心とする過剰な輸出が中長期的には円高をもたらしているのだとすれば、それが同じ円で決済せざるをえない他の産業や労働の対外競争力を低下させる原因となっている。ハイエクならば、貿易自由化という以上は同時に貨幣発行の民営化まで踏み込まなければならないと主張するのではないか。農業は製造業とは別の民間通貨を使うのである。こういった議論は、現代的と称する経済理論からはほとんど聞こえてこないものだ。

二人の議論は、詰まるところ期待をいかに安定させるのかにたどりつく。ハイエクは慣行的なルールに従ったりそこに矛盾があるなら取り払う「内在的批判」により期待の実現可能性が高まると述べ、ケインズも慣行を参照しはするがそれが不安定化の原因となることもあるからその場合には政策担当者の直観的な判断に依存するしかないと考えた。慣行と期待、不確実性と秩序の関係についてこのように深い思索をめぐらせるような議論に出会うことも、滅多にない。部分的には感情を分析する経済学で引き継がれるのかもしれないが、経済学の内部だけでは扱いきれないのではないかと感じている。ちなみに「内在的批判」とはルールは過去と継続してしか変化させてはならないということだから、街並みや景観にかんしていえば劇的に変わってはならないことになる。日本の都市の多くは、内在的批判を欠いているのだ。

さらに今回ケインズとハイエクの著作を再読し、発見したことがある。ケインズの『確率論』における「類比 analogy」とハイエクの『感覚秩序』における「同定 identification」は、ほぼ同じことを別の文脈で語ろうとした概念ではないか、ということだ。それとともに、ハイエク市場論の最大の功績は、市場を彼の心理学で言う「分類 classification」のシステムとみなした点にあると私には思えるようになった。「時と所」にかかわる膨大な量の情報から、何と何が類比でき同定されるかを分類し処理できるようにするのが市場やルールであるとするならば、市場やルールなしには情報は縮減されない。彼らは相当に近いところで議論していたのだ。もっともケインズは根拠なき投機にみずからを類比させる群衆心理が金融市場を混乱させるとみなしたし、ハイエクは優秀な行為だけが同定（ないし模倣）されると考えたのではあるが。彼らの気質は、どこまでもすれ違っていた。

本書は講談社現代新書のメールマガジンの連載をもとにしているが、岡部ひとみさんには毎月あたたかい励ましをいただいた。遅い原稿でしか応えられなかったことが悔やまれるが、最後までたどり着けたのも伴走者のおかげと感謝している。また毎月校正に当たっていただいた方々にも、お目もじはかなわなかったがお礼申し上げる。さらにケインズとハイエクの専門家である渡辺淳志氏と山本崇広氏からは、鋭いコメントを頂戴した。感謝するとともに、お二人の著作と出会える日を楽しみにしていることを記しておきたい。

注

序章

1 岩田一政『デフレとの闘い—日銀副総裁の1800日』日本経済新聞出版社、二〇一〇年。

2 Lucas, Robert E. Jr., "Studies in business-cycle theory", MIT Press, 1981。ルーカスは、景気循環論はハイエク的なミクロ的基礎を有する「均衡理論」でなければならないと断った上で、個々の経済主体の期待の違いが均衡からの乖離を生み経済変動を起こすとし、しかし長期的には合理的期待により正常な所得水準が達成されるため一般均衡が実現すると言う。ただしルーカス説は、ハイエクの分類では非貨幣的景気理論に相当すると思われる。

3 J・ヒックス『貨幣理論』江沢太一・鬼木甫訳、東洋経済新報社、一九七二年（Hicks, Sir John Richard, "Critical essays in monetary theory", 1967）所収。

4 同書所収。

5 F・A・ハイエク『経済学論集』古賀勝次郎監訳、小浪充・森田雅憲・楠美佐子訳、春秋社、全集Ⅱ—6、二〇〇九年所収。

第一部

第一章

1 伝記的な事項については、R・スキデルスキー『裏切られた期待／1883～1920年 ジョン・メイナード・ケインズ』宮崎義一監訳、古屋隆訳、東洋経済新報社、一九八七年（Skidelsky, Robert J.A.,“John Maynard Keynes : Hopes betrayed 1883-1920”,1983）の評価が高い。手軽な文献としては、平井俊顕『ケインズ100の名言』東洋経済新報社、二〇〇七年、が読みやすい。また、平井俊顕『ケインズ・シュムペーター・ハイエク―市場社会像を求めて』ＭＩＮＥＲＶＡ人文・社会科学叢書40、ミネルヴァ書房、二〇〇〇年、伊東光晴『現代に生きるケインズ―モラル・サイエンスとしての経済理論』（岩波新書）、二〇〇六年も参考にした。

2 G・E・ムーア、深谷昭三訳『倫理学原理』三和書房、一九七七年（Moore, G.E.,“Principia ethica”, 1903）

3 J・M・ケインズ「若き日の信条」宮崎義一訳、『ケインズ・ハロッド』中央公論社、世界の名著57、一九七一年（Keynes, J.M. ; introduced by David Garnet,“Two memoirs : Dr. Melchior: a defeated enemy and my early beliefs”,1949）

4 スキデルスキー前掲書『裏切られた期待』。ハロッドはブルームズベリーについて、「『ソサエティー』の生活のなかで一九〇〇年直後に到達した局面を、ロンドンで延長したものであった」と評している（R・F・ハロッド、塩野谷九十九訳『ケインズ伝』上、東洋経済新報社、一九六七年（Harrod,Roy,“The life of John Maynard Keynes”1951））。このグループは視覚芸術を得意とする芸術家の集まりで、ヴァネッサ、ヴァージニアという姉妹の知的冷静さとL・ストレイチーの偶像破壊が際立っていたといい、対外的な活動よりは内面的ないし魂の活動が重視された。ケインズはのちの官界・政界・経済界での活躍を外見だけから眺めれば、グループにおいては例外的であった。

5　ハロッド前掲書『ケインズ伝』上、一三八頁。

6　J・M・ケインズ『確率論』佐藤隆三訳、全集第8巻、二〇一〇年（Keynes, J.M.,"A treatise on probability",1921）。

7　F・A・ハイエク『ハイエク、ハイエクを語る』嶋津格訳、名古屋大学出版会、二〇〇〇年（"Hayek on Hayek:an Autobiographical Dialogue",Kresge,S.Wenar,L.,ed.,1994）。以後、ハイエクの伝記につき指示のない文献は同書。古賀勝次郎『ハイエクの政治経済学』新評論一九八一年、西部忠『市場像の系譜学——「経済計算論争」をめぐるヴィジョン』東洋経済新報社一九九六年、間宮陽介『増補 ケインズとハイエク——〈自由〉の変容』ちくま学芸文庫二〇〇六年も参考にした。

8　ハイエクにとって恩師であるかに見られるのはL・ミーゼスだが、ミーゼスはベーム＝バヴェルクの忠実な弟子であり、オーストリー学派としてはヴィーザーとは別の派に属していたとハイエクは回想している。「無知への対処」『社会主義と戦争』全集Ⅱ—10、二〇一〇年参照。

9　シュッツは、「オペラの意味」「冗談」「筆跡学」などの発表が行われたと回想している。森元孝『アルフレート・シュッツのウィーン——社会科学の自由主義的転換の構想とその時代』新評論、一九九五年。また森元孝『フリードリヒ・フォン・ハイエクのウィーン——ネオ・リベラリズムの構想とその時代』新評論、二〇〇六年が掘り出した逸話に、ハイエクが新聞へ投稿してまで、ある社会民主党幹部を顕彰した大臣を批判したというものがある。ハイエクはその理由として、その幹部が五〇年以上前に起きたオーストリア首相射殺事件の犯人だったと述べている。一〇代でこの事件から受けた衝撃が、ハイエクに社民嫌いを植え付けたらしい。一九一八年に帝国が崩壊して以降、ウィーンは現在に至るまで社会民主党に支配されてきた。
10 その経緯は「社会主義計算(1)〜(3)」に述べられている(1)、(2)は一九三五、(3)は四〇に公表)。
11 R・F・ハロッド『ケインズ伝』下、塩野谷九十九訳、東洋経済新報社、一九六七年。
12 もっともケインズは、一九四一年に作成した「遺言」で、かつての「恋人」である画家のダンカン・グラントに一〇〇〇ポンドを贈るとしている。妻リディアを上回ろうかという額であった。これが、ケインズが終生手放さなかった「道徳」であった。
13 これらの論文は、前掲「社会主義計算(1)〜(3)」とともに一九四九年の『個人主義と経済秩序』嘉治元郎・嘉治佐代訳、新版ハイエク全集Ⅰ―3、春秋社、二〇〇八年(Hayek, F.A., "Individualism and economic order", 1949)に収録されている。
14 F・A・ハイエク『自由の条件』Ⅰ、Ⅱ、Ⅲ、気賀健三・古賀勝次郎訳、新版全集Ⅰ―5〜7、春秋社、二〇〇七年(Hayek,F.A., "The Constitution of Liberty",1960)。

第二部

第二章

1 J・M・ケインズ「アルフレッド・マーシャル」一九二四年、『人物評伝』大野忠男訳、全集第10巻、東洋経済新報社、一九八〇年(Keynes,J.M., "Essays in biography"1951)所収。
2 Keynes,J.M., "The Collected Writings of J.M.Keynes,vol.13" Macmillan,1984
3 「知性の二つのかたち」嶋津格監訳、『哲学論集』、全集Ⅱ―4、春秋社、二〇一〇年(Hayek, F.A.,

'Two Types of Mind',1975）所収。

4 S・フリートウッド『ハイエクのポリティカル・エコノミー――秩序の社会経済学』佐々木憲介・西部忠・原伸子訳、法政大学出版局、二〇〇六年（Fleetwood, Steve, "Hayek's political economy : the socio-economics of order",1995）。

5 J・M・ケインズ『貨幣改革論』中内恒夫訳、全集第4巻、東洋経済新報社、一九七八年（Keynes, J.M.,"Tract on Monetary Reform",1923）。

6 『貨幣論』では、この式は「実質残高」数量方程式と呼ばれている。

7 F・A・ハイエク「貨幣理論と景気循環」古賀勝次郎訳、新版全集Ⅰ―1、春秋社、二〇〇八年（Hayek, F.A.,"Monetary theory and the trade cycle",1933（英訳版））。

8 これは今日の実物的景気循環論（リアル・ビジネス・サイクル）にも当てはまる想定で、議論の大枠にさほど変わりがないことが分かる。

9 実はハイエクは『貨幣理論と景気循環』で、すでに「複雑な現象」という言葉を一ヵ所使っている。「複雑な現象の理論的に例外のない説明を手にしうるのは、まず均衡理論が示す基本的な経済的連結の完全な作用を仮定し、次に意識的かつ連続的に、その堅固な相互関係をゆるめることのできるまさにそうした要素を導入するからである」（第2章第10節）。ハイエクは当初から、少なくとも直感的には「単純な現象」として経済をとらえていなかったのである。

10 J・M・ケインズ『貨幣論』小泉明・長沢惟恭訳、東洋経済新報社、全集第5巻、「貨幣の純粋理論」一九七九年、第6巻「貨幣の応用理論」一九八〇年（Keynes, J.M .,"A Treatise on Money 1: the pure theory of money, 2: the applied theory of money",1930）。

11 貨幣所得のうち企業者の報酬としては正常報酬（正常利潤）のみを含むが、正常報酬を得ているだけでは、企業者は生産を拡大も縮小もしようとはしない。
社会の富は貯蓄と利潤の和S＋Qによって増えるから、I＝S＋Q
貨幣所得は消費支出と貯蓄に分かれるから
$P \times R + S = E$、$O = R + C$より$E = \frac{E}{O}(R + C)$
生産費Eのうち新投資財の生産費は$I' = E \times \frac{C}{O}$
したがって、
$P \times R = \frac{E}{O} \times (R + C) - I$から、「第一基本方程式」が導かれる。

12 ケインズ前掲書『貨幣論』第10章、一四四頁。

13 同第13章、二〇八頁。

$$P_k = \frac{q_1}{1 + r} + \frac{q_2}{(1 + r)^2} + \cdots \frac{q_t}{(1 + r)^t} + \cdots = \sum_{t=1}^{\infty} \frac{q_t}{(1 + r)^t}$$

だから、$P' = P_s = P_k$と利子率rは逆相関の関係にある。
明石茂生『マクロ経済学の系譜』東洋経済新報社、一九八八年、第6章参照。

14 F・A・ハイエク「価格と生産」谷口洋志他訳、全集I―1、春秋社、一九八八年（Hayek, F.A., "Prices and production",1931)。

15 こうした考え方にもさらに前史があって、フィジオクラートは、労働者が耕作を行い年度の終わりに収穫を得るとすれば、その間の生沽維持はいかにしてなされるのかに注目した。それは「前払いadvance」によって可能になる。彼らにとって資本とは、労働者を扶養する前払いだった。労働者の生活維持のために前払いされる賃金基金や消費財のストックとして資本をとらえる理解は、カンティヨンやジェボンズを経由し、メンガーからベーム＝バヴェルクへと受け継がれた。オーストリー学派は消費財への成熟を待っている中間生産物の総体を資本とみなしたが、そこには原材料や機械等以外に、迂回生産が続く間、労働者の生活を支える前払いも含まれている。

16 その結果、バヴェルクは利子率は生存基金で決定されるとした。ところがハイエクは、利子率を異時点間の価格システムによって決まるものとしている。これは、迂回生産を媒介する資本としての貨幣が、生存賃金には止まらず、生産期間の伸縮に圧力をかける要因となっていることを意味するものだろう。

17 価格マージンとは、生産物の販売額から生産に要した支出額、つまり一つ前の段階を占める諸企業から購入された中間生産物や投入された本源的生産手段に対する支払額の総計を差し引いた、一種の差額利益のことであろう。生産財の諸価格は均等に上昇するわけではなく、生産段階によって価格マージンの差異を生み出す。山本崇広氏の指摘による。また山本氏からは、生産要素と中間生産物の結合比率が一定でない場合、資本の異質性やその間の調整といった問題が表面化するという指摘も受けた。

18 ハイエク前掲書『価格と生産』邦訳、二二二頁。

19 同邦訳、二〇二頁。

第三章

1 Hayek, F.A., "Reflections on the Pure Theory of Money of Mr.J.M.Keynes", Economica,vol.11,no.33,1931, August

2 ケインズ前掲書『貨幣論』第19章、冒頭。また以下のインフレ・デフレにかんする考察は同邦訳、二八二頁。

3 以下、ローマ数字は、両者の書評の章番号。

4 『貨幣論』邦訳の訳語では、「産出フロー量」。

5 ハイエクは図においてケインズの「消費財生産R」と「投資財生産C」を入れ替えて記しているが、ここでは修正しておく。

6 資本所有者（企業家）は、機会を発見することにより利潤を得ると想定されていると考えられる。

7 Keynes, J.M., "The Pure Theory of Money.A Reply to Dr. Hayek", Economica,vol.11,no.34,1931,November

8 F・A・ハイエク「人間ケインズと『ケインズ革命』」『週刊東洋経済』東洋経済新報社、一九六五年一二月二日号。

第四章

1 F・A・ハイエク「専門化のジレンマ」嶋津格監訳、全集Ⅱ—4『哲学論集』、春秋社、二〇一〇年(Hayek, F.A., 'The Dilemma of Specialization', 1956) 所収。

2 ハイエク前掲論文「人間ケインズと『ケインズ革命』」。

3 ハイエクは、こう述べている。「ちなみに私は、『貨幣論』の特定の巻は『〔雇用・利子および貨幣の〕一般理論』よりもずっとよいと思います。だから私の書評は、〔『貨幣論』の〕中心的主張を批判していますが、全体としてはそれをむしろ賞賛するものだったのです」（前掲書『ハイエク、ハイエクを語る』）。

4 ケインズ前掲書『貨幣論』第3編「基本方程式」第10章「貨幣の価値に関する基本方程式」。

5 J・M・ケインズ『雇用・利子および貨幣の一般理論』塩野谷祐一訳、全集第7巻、東洋経済新報社、一九八三年（Keynes,J.M., "The General Theory of Employment, Interest and Money", 1936）第1編「序論」第3章「有効需要の原理」。

6 同、第6編「一般理論の示唆する若干の覚書」第22章「景気循環に関する覚書」。

7 ケインズ前掲論文「アルフレッド・マーシャル」。

8 ケインズ前掲論文「若き日の信条」。

9 『確率論』の哲学的意義については、伊藤邦武『ケインズの哲学』岩波書店、一九九九年が鮮やかな説明を行っている。

10 ケインズは「推論の重み weight」という言い方もしている。「重み」は確率とは独立であり、推論にかかわる証拠の量に関係するものである。

11 ケインズ前掲書『人物評伝』。

12 Keynes, J.M.,"The General Theory and After; Defence and Development",Collected Works of Keynes, Volume XIV,1978

13 Coates, John,"The claims of common sense: Moore, Wittgenstein, Keynes and the social sciences",Cambridge University Press,1996

14 ケインズ前掲書『一般理論』第2編「定義と基礎概念」第4章「単位の選定」。

15 ウィトゲンシュタインは、「スラッファと議論すると、枝をぜんぶ切り落とされた樹になったような感じがする」と語っている。

16 菱山泉『スラッファ経済学の現代的評価』京都大学学術出版会、一九九三年の解釈による。本書はスラッファを中心とする詳細かつ明晰な論考である。
菱山はヴィクセルとケインズの共通点として、「利子率を外生化するモデル」であり「利子率が固定価格」である点を指摘している。対照的にリカードは、組織された信用経済において銀行は、貸付資本市場の競売人の役割を果たしており、利子率のせり上げとせり下げによって需給を均衡させるという。つまり貨幣利子率は貸付資本の需給により自律的に動く変動価格とみていたのである。

17 邦訳二四一頁。

18 邦訳三〇頁。

19 ケインズは「資本の限界効率」として、次の式を想定しているようである。

$$C=\frac{R_1}{1+\rho}+\frac{R_2}{(1+\rho)^2}+\frac{R_3}{(1+\rho)^3}+\cdots+\frac{R_n}{(1+\rho)^n}$$

C：機械など新投資の費用（機械の価格）

n：機械の経済的耐用年数

Ri：新投資がi期にもたらす予想収益

ρ：資本の限界効率。ただしこれは、正確には投資の限界効率と呼ぶべきだろう。

ケインズは利子率rで借入をしてこの新投資の案件を実施する条件について考え、ρがrよりも大きいときにこの投資を実行、逆ならば行なわないとしている。そこからrが上昇すれば実施される新投資の案件は少なくなり、D_2は借入利子率の減少関数だとみなすことになる。

20 宇沢弘文『ケインズ「一般理論」を読む』岩波現代文庫、二〇〇八年。

21 ケインズ前掲書『一般理論』邦訳一四九頁。

22 同邦訳二三四頁。

23 同邦訳三一七頁。

24 いわゆるマンデル＝フレミングの理論では、開放経済かつ変動相場制ならば、小国において金融政策は有効、財政政策は無効になるが、ケインズが考察したのは不確実性の問題であり、それとは関係がない。また小野善康氏の『不況のメカニズム』中公新書、二〇〇七年等は流動性保有動機を「金持ち願望」と呼んでいるが、これは流動性プレミアムを不確実性と「確信」とのかかわりからとらえたケインズとは異質の発想であろう。

25 ここで言う「ケインズ経済学」は、『一般理論』のうち先に説明した$\phi(N)=D=D_1+D_2$の部分に焦点を当て、理論的計量的に検討するものである。

26 「それは、私が経済理論に対して行ったもっともオリジナルな貢献であった」とハイエクは述懐している。ハイエク前掲書『ハイエク、ハイエクを語る』七一頁。

27 森元孝『フリードリヒ・フォン・ハイエクのウィーン』新評論、二〇〇六年、三五―三八頁に手際よい紹介がある。ハイエクは同年に『貨幣理論と景気循環』を発表している。

28 ハイエクは、貨幣資本の希少性ゆえに追加的投資が実現しなくなり、既存の資本設備が遊休させられる現象も恐慌と呼んでいる。「価格の期待・貨幣的攪乱・および不適切な投資」一九三五年、『利潤、利子および投資』加藤寛他訳、新版全集I―2、春秋社、二〇〇八年、所収。

29 F・A・ハイエク『新自由主義とは何か』西山千明編、東京新聞出版局、一九七七年、二〇三頁。

30 Knight, F.H., "Professor Hayek and the Theory of Investment", Economic Journal, Mar.1935,pp.78-92

31 Hayek, F.A., "The Mythology of Capital", Quarterly Journal of Economics,Feb. 1936

32 ハイエクは「経済学と知識」について、実は師であるミーゼスへの批判として書いたのだと回想している(前掲書『ハイエク、ハイエクを語る』)。それはミーゼスが「市場均衡」についても経験的な過程ではなく、「主体的均衡」と同様にアプリオリとみなしていたからである。別言すれば、これはハイエクが「市場均衡」を経験的なるものとして分析することを宣言した論文だともいえる。そして人と人が相互に関係する状況においては、互いを知らなくとも法に従う限りで自由に活動することが認められている。けれどもそれは経済学によってではなく、後期に自由論として追究されることとなる。

33 Caldwell, Bruce, "Hayek's Transformation", 20 Hist. Pol. Econ. 513, 1988

34 Hayek, F.A., "The Pure Theory of Capital", 1941（全集Ⅱ—8、江頭進訳『資本の純粋理論Ⅰ』春秋社、二〇一一年）

35 ちなみにハイエクは、マクロ経済学に対するケインズの考えを正確に理解していたことを示す発言をしている。「ケインズは、彼の意図に反してマクロ経済学発展への刺激を与えました」。前掲書『ハイエク、ハイエクを語る』、一〇一頁。

36 同邦訳、九二頁。

37 Lange, Oscar and Taylor, Fred, "On the Economic Theory of Socialism", 1938

38 以上、「社会における知識の利用」（ハイエク前掲書『個人主義と経済秩序』所収）による。

39 同、邦訳八四—八六頁。

40 P・F・ドラッカー『【エッセンシャル版】マネジメント　基本と原則』上田惇生編訳、ダイヤモンド社、二〇〇一年。

第三部

第五章

1 ハイエク前掲書『自由の条件』Ⅰ、邦訳二一頁。

2 同、第1章。

3 同、第2章五〇頁。これは大陸系と英米系といった政治哲学史上の分類からすれば重要な論点かもしれないが、ハイエクにとっては自由を論じなければならなかった理由はあくまで経済学において社会主義や設計主義を批判することだから、さしたる関心を示していないのも当然とはいえる。仲正昌樹はハイエクの論述方法を「自らが拠って立とうとしている『知』の領域の概念的配置図を解釈学的に掘り起こし、既成の概念の意味連関を変容・再配置化していく」と評しているが、それもハイエクが思想史の流儀にこだわりがあるのではなく、自分の主張の正当化の論拠を思想史に求めたに過ぎないからだと思われる。仲正昌樹『いまこそハイエクに学べ――「戦略」としての思想史』春秋社、二〇一一年。

4 同、第2章四八頁。

5 法学者の見方については、楠茂樹『ハイエク主義の「企業の社会的責任」論』勁草書房、二〇一〇年に手際よいサーヴェイがある。

6 ハイエク前掲書『ハイエク、ハイエクを語る』一七八頁。

7 『法と立法と自由』I矢島鈞次・水吉俊彦訳、新版全集I――8、春秋社、二〇〇七年、第1章「理性と進化」、三七頁。

8 同、第4章「法概念の変遷」、一一〇頁。

9 同、第5章「ノモス――自由の法」、一四三頁。

10 同、第2章「コスモスとタクシス」、五〇頁。

11 『自由の条件』II、第14章「個人的自由の保障」。

第六章

1 Keynes, J.M., 'National Self-sufficiency', The New Statesman and Nation,8 and 15 July,1933（"The Collected Writings of John Maynard Keynes", vol.21,pp.233-246)

2 以下に述べるケインズの言動の転変については、岩本武和『ケインズと世界経済』岩波書店、一九九

九、第6章、参照。

4 Keynes, J.M., 'Free Trade'("The Collected Writings of John Maynard Keynes", vol.19, pp.147-155)

5 ケインズはこの文を『一般理論』第23章でみずから引用し、「昔の重商主義理論については、理解できる説明は存在していなかったし、われわれはそれがたわごとと変わらないと教え込まれていた。古典派の支配はそれほどまったく圧倒的であり、完璧であった」と回顧している。

5 Keynes, J.M., "The Collected Writings of John Maynard Keynes", vol.9., pp.231-238

6 平井俊顕『ケインズ研究―『貨幣論』から『一般理論』へ』(東京大学出版会、一九八七年)がこの過程を詳細に探っている。

7 いずれも"The Collected Writings of John Maynard Keynes", vol.29所収。

8 "The Collected Writings of John Maynard Keynes", vol.25

9 ハイエクからすればケインズ主義とは財政支出によりインフレを人為的に起こす策である。現代の「インフレ・ターゲット論」は、よりあからさまにインフレを起こそうとする政策だという意味で、ハイエクからすれば徹底したケインズ主義ということになろう。

10 ハイエク前掲書『自由の条件』Ⅲ、第21章「貨幣制度」。

11 F・A・ハイエク『貨幣発行自由化論』、川口慎二訳、東洋経済新報社、一九八八年、一頁。

12 ハイエクの想定では、貨幣発行自由化制度が発足してからしばらくすれば、商品バスケットの変更は頻繁ではなくなる。

13 同、第18章、邦訳一四七頁。

第七章

1 F・A・ハイエク「複雑現象の理論」一九六四年、『哲学論集』嶋津格監訳、全集Ⅱ—4、春秋社、二〇一〇年所収。

2 F・A・ハイエク「説明の程度について」一九五五年、前掲書『哲学論集』所収。付された注によれば、「本論と『複雑現象の理論』の主題は密接に関連していて、八年間のブランクがあるが、事実上、まったく同じ主題を扱っている」という。

3 これもハイエクとケインズの対立点である。無数のありのままの事実から規則性を見いだし理論化するのがケインズの言う帰納法であり、それを行うのが経済学者である。これに対しハイエクは、ありのままの事実は膨大すぎ、個人が情報処理することなどできないという。そのかわりに人間は、あらかじめ先入観として異同を分類している。様々な異同を区別する図式から、一つを取り出して普及させるのが市場だとする。

4 F・A・ハイエク「ルール、知覚、理解可能性」一九六二年、「抽象的なるものの先行性」一九六九年、前掲書『哲学論集』所収。

5 S・フリートウッドはその層を(1)私有財産や正義、正直、慣習や契約、法といった「マクロ経済社会的レベル」、(2)医者が病気の子どもを治療したり、近隣の財産に損害を与える水の流出を防いだり、言葉を話しゲームをするといった小さな規模の相互作用にかかわる諸ルールの「ミクロ経済社会的レベル」、そして(3)顔の認知などの「認知的レベル」の三つに分けて分析している。前掲書『ハイエクのポリティカル・エコノミー――秩序の社会経済学』。

6 ハイエク前掲論文「ルール、知覚、理解可能性」、邦訳一九七頁。

7 F・A・ハイエク「法秩序と行動秩序」一九六七年、前掲書『哲学論集』所収。

8 ハイエクの資本理論やカタラクシーは抽象的な概念で構成されているが、どんな状況を彼が考えているのか、私見をごく具体的に述べておきたい。ハイエクは中間財の生産過程が逐次再編されるような生産過程を想定している。また市場には、消費財の「意味」を分類し定義するという機能がある。「おかき」という菓子は、生産者がどのような商品であるのかを定義することはできない。仮にしたとしても、売れなければおしまいである。市場は、売れ行きにより、「おかき」とはどのような菓子であり、他とはどう区別されるのかを発見し、それに合わせて中間での生産工程の再編を促す。

そうしたカタラクシーとしての市場の発見機能をシステムとして再現したのが、日本で独自の発展を遂げたコンビニエンスストアであろう。NHK『クローズアップ現代』二〇〇三年一〇月七日放映の「ヒット商品を作れ〜巨大コンビニの戦略〜」によれば、コンビニはたんなる小売り流通業ではない。全国一万店にも上る店舗を有するセブン-イレブン・ジャパンでは、すべての販売業務について「どの世代のどの性別の購入者がいつ何を買ったか」を販売情報として取得し、本部に転送している。本部ではその膨大な情報を分析してどの商品が「売れ筋」であり「死に筋」であるかを分析し、集約されたデータを元に店主が発注したり棚に置く商品を次々に入れ替え（カットし）たりする。

分析されるデータとは、ハイエクの用語では時々刻々、無数に行われている取引から引き出された「断片的で個人的な」ものである。どの商品がどの商品と意味的に類似しており、どの商品と対立しているのかは、データの分析を反映し棚のどこに何を置くかで表現されている。スーパーのようには価格競争を行わないコンビニが何で競い合っているかといえば、何を仕入れ何を排除しどの棚に何を置くかという「分類」にかんする競争と、いつ雨が降りそうなのでその時間だけ店頭に傘を置くといった「時と所」にかんするサービスの競争である。この競争の過程において、消費者が従っている暗黙の分類や特定の時と所における欲求を言い当てたコンビニが支持されるのである。

分類は、物理的特性に従うとは限らない。K・ランカスターは、消費財にかんし客観主義的な分析を徹底し、財を物理的特性の束に分解するという着想を示した（Kelvin Lancaster ,Consumer Demand:A New Approach,New York:Columbia University Press, 1971）。自動車には排気量や色といった多くの特性が含まれ、それらの特性のそれぞれに対する効用の和が自動車の効用になるというのである。けれども人間は、そうした客観的で膨大な情報を処理することはできないし、してもいない。異同を識別する単純で主観的な見方を当てはめて理解するだけである。パンがお菓子に近いのかおにぎりに近いのかは顧客の主観が判定し、売れ行きによりそのいずれかが定着する。データによる商品管理は、異同の規則性を判断する材料を提供するのにすぎない。

しかもコンビニは現在、一九七〇年代半ばの発足当初のように、メーカーが持ち込んできた商品（「ナショナル・ブランド」）についてのみこうした処理を行っているのではない。商品の半数以上が、すでにコンビニ側の要望に従ってメーカーが生産法を変え製造した「オリジナル商品」となっている。現状ではコンビニはメーカーに命じて、生産過程の再編も主導している。

番組では、セブン‐イレブン社が新潟県越路にある米菓製造の中堅メーカーI社に、新商品の製造を依頼するシーンを映し出していた。I社は近年売れ行き低迷に陥っていたが、それでも五〇年の製造経験から、当初は原料であるコメを高級なものに替えればそれだけで要望に応えられると軽く考えていた。生産法については歴史ある企業であるほど「暖簾」のプライドから過去のやり方に固執しがちである。

だがメーカーの予想は大きくはずれた。セブン‐イレブン側は、高齢者向けの高級「おかき」として油の切れがよく、サクサク感が求められているというデータを提示する。これは、「おかき」にかんして市場が行う好ましさの分類が変わったということだ。メーカーは時々刻々変わる消費者の選好につき綿密には知らず、それが消費者の要望に添った商品を生み出せない理由となっていたのだ。市場が行っている分類につき理解しない中間財メーカーは、淘汰されるしかない。

消費者の体感する欲求を代弁するセブン－イレブン側の要求は厳しく、①外観の好ましさ、②食感の好ましさ、③塩味の好ましさ、④風味・味の好ましさ、⑤油っぽさと五項目にわたり、それぞれに関して詳細な注意書きがつけられていた。それら五項目は、消費者が体感（カンやコツに当たるような言葉にならない身体感覚）としての「サクサク感」を言語表現したもので、メーカーが先入観として持っていた「おかき」の主観的イメージを微に入り細にわたり塗り替えるものだった。担当者は幾度もダメだしをされ、油のしみ込み具合（吸油率）を観察するためにマイクロスコープを用い、揚げ方・温度・揚げ時間・乾燥方法に至るまで五〇年間用いてきた工程を徹底的に改編させられた。結果的にそこで生み出されたタイアップ商品「職人かたぎ」は、I社最大のヒット商品となった。「サクサク感」は模倣され市場に広がり、「固いおかき」は「高齢者向けおかき」の分類から排除されることとなった。

ハイエクの資本理論が想定したのも、同様に消費財にかんする具体的情報が中間の生産工程を改編するものである。消費者の欲望と相対価格、知識の発見と伝達によって資本財と貨幣とが時々刻々と移動するというハイエクの資本主義イメージは、コンビニのオリジナル商品生産に、もっとも鮮明に映し出されている。

9 『一般理論』執筆後に認めた手紙で、ケインズはこう述べている。「私はどちらかというと、リスク・プレミアムを厳密には確率と関連させ、また流動性プレミアムを私の『確率論』で「ウェイト」と呼んだものに関連させたい」。貨幣を手放し不確実な資産を得るとき量的な確率の部分として「リスク・プレミアム」、質的な「推論の重み」の部分（不安や楽観）として「流動性プレミアム」が請求される、ということであろう。

10 斎藤隆子「ケインズの哲学と経済学」『経済論叢』京都大学経済学会、第一五五巻第二号、一九九五年二月、の指摘による。

11　ケインズ前掲書『一般理論』。

第八章

1　「私は自由党員か」宮崎義一訳、『説得論集』、東洋経済新報社、全集第9巻、一九八一年（Keynes, J.M., 'Am I a Liberal?', 1925, "Essays in Persuations",1931）所収。
2　Keynes Papers,UA/20/3/9,The Political Principles of Edmund Burke,1904（一橋大学所蔵版）
3　Keynes,J.M., 1904 Section10
4　Keynes,J.M., 1904 Section1
5　Keynes,J.M., 1904 Section5
6　Keynes,J.M., 1904 Section2
7　ハイエク前掲書『自由の条件』Ⅲ、追論。
8　『法と立法と自由』Ⅲ、渡部茂訳、新版全集Ⅰ―10、春秋社、二〇〇八年、(Hayek, F. A., "Law, legislation and liberty : The political order of a free people", 1979) 六四頁。
9　同Ⅱ、("The Mirage of social justice", 1976) 一二四頁。
10　ハイエクは「自然の美しさ、歴史的遺跡、科学的に興味のある場所などの保護」を政府が行うことにも賛成している。
11　後者は『法と立法と自由』Ⅲで扱われる。
12　ハイエク前掲書『自由の条件』Ⅲ、邦訳八四頁。
13　一六八八年には名誉革命が起こりそれにより「法の支配」が始まったとハイエクは理解している。名誉革命を正当化したとされるJ・ロックの『市民政府論』にせよ、政府の権力を制限する文書として理解している。また一七世紀には、一六二八年に『権利請願』を中心的に起草しコモン・ローを体系化したE・コーク（一五五二―一六三四）が活躍している。

14 ハイエク前掲書『法と立法と自由』Ⅲ、邦訳一五頁。

第九章

1 ハイエク前掲書『法と立法と自由』Ⅱ、邦訳三三頁。

2 同、邦訳一七三頁。

3 同、邦訳三二―三三頁。

4 同、邦訳一八一頁。

5 『致命的な思いあがり』渡辺幹雄訳、全集Ⅱ―1、二〇〇九年（'Hayek, F.A., "The fatal conceit : the errors of socialism",1988）では、ハイエクはロールズ理論に懐疑的である。「ロールズ的な世界はけっして文明化しえなかったはずである」。邦訳一〇九頁。

6 F・A・ハイエク・今西錦司『自然・人類・文明』NHKブックス、一九七九年でハイエクは、今西に「自然淘汰説」は不要ではないかと批判され、戸惑っている。松原隆一郎「ルールの進化論―今西錦司のハイエク批判」『現代思想』青土社、一九九一年、vol.19-12参照。

7 ハイエクの解釈では、ダーウィンから社会哲学者が影響を受けたのではない。逆にダーウィンが祖父エラスムス・ダーウィンを通してバーナード・マンデヴィルやデヴィッド・ヒュームの文化的進化の概念に触れ、そこから生物進化を連想したのだとする。

8 ハイエク前掲書『法と立法と自由』Ⅲ、邦訳二二〇頁。

9 ハイエク前掲書『法と立法と自由』Ⅱ、邦訳五九頁。

10 同、邦訳三七頁。

11 ハイエクによればカントの定言命法が正義の十分条件ではなく必要条件だけを用意しているが、それがこの「普遍化可能性のテスト」のことだという。同、邦訳六三頁。進化してゆく法の究極のかたちを仮想するのがカントの倫理学だということであろう。

12 ハイエク前掲書『法と立法と自由』Ⅲ、第17章。

13 同第18章「権力の抑制と政治の退位」で、こう述べている。「私はいま次のことをとても恐れている。すなわち、圧制やその他の政府権力の乱用からのあらゆる保護を、本書で示された方向に沿って政府を再構成することによって達成しようとしたが、もしそれと同時に通貨供給にたいする政府の統制権が取り除かれないなら、その再構成はほとんど役に立たないのではないかということである」。邦訳二〇二頁。

14 J・M・ケインズ「わが孫たちの経済的可能性」『説得論集』、宮崎義一訳、東洋経済新報社、全集第9巻、一九八一年（Keynes, J. M., 'Economic Possibilities for our Grandchildren', 1930, "Essays in Persuasion"）。

15 ハイエク前掲書『法と立法と自由』Ⅲ、第17章「立憲政体のモデル」、邦訳一六九頁。

16 平時なら行政サービスは不公平のないよう原理原則に従って提供されるべきだが、危機状態では便宜的に（行き当たりばったりにでも）提供せざるをえないというのは、東日本大震災直後の被災地を想像すれば分かることだろう。

17 ハイエク前掲書『ハイエク、ハイエクを語る』邦訳二〇二―二〇三頁。

ケインズとハイエク関連年表

	ケインズ	ハイエク	主な出来事
一八八三年	六月五日、ケンブリッジにて誕生する。		K・マルクス死去。
一八九七年	イートン・カレッジに入学する。		
一八九九年		五月八日、ウィーンにて誕生する。	
一九〇〇年			S・フロイト『夢判断』。
一九〇二年	キングズ・カレッジ(ケンブリッジ大学)に入学する。		
一九〇三年			G・E・ムーア『プリンキピア・エティカ』、B・ラッセル『数学の原理』。
一九〇六年	インド省陸軍局に配属される。		

一九〇九年	キングズ・カレッジで金融論の講義を受け持つ。		
一九一一年	学会誌『エコノミック・ジャーナル』の編集を担当する。		
一九一二年			J・A・シュンペーター『経済発展の理論』。
一九一三年	『インドの通貨と金融』を出版。		
一九一四年			第一次世界大戦勃発。
一九一五年	大蔵省に入省する。		
一九一七年		砲兵隊将校として陸軍に入隊する。	
一九一八年		ウィーン大学法—国家学部に入学する。	第一次世界大戦終結。
一九一九年	パリ講和会議に大蔵省主席代表として出席する。『平和の経済的帰結』を出版。		

一九二一年	『確率論』を出版。	法学博士号取得。賠償清算局に入局する。	
一九二二年	『条約の改正』を出版。		L・ウィトゲンシュタイン『論理哲学論考』。
一九二三年	『貨幣改革論』を出版。	政治学博士号を取得。ニューヨーク大学で助手として勤務する。	
一九二五年	『チャーチル氏の経済的帰結』を出版。リディア・ロポコヴァと結婚する。		イギリス、金本位制に復帰。
一九二六年	『自由放任の終焉』を出版。		
一九二七年		景気循環研究所所長として勤務。	M・ハイデガー『存在と時間』。
一九二八年	LSE(ロンドン・スクール・オブ・エコノミクス)でハイエクと論争。		
一九二九年		『貨幣理論と景気循環』を出版。	ニューヨーク株暴落、大恐慌。

一九三〇年	『貨幣論』を出版。		
一九三一年	ハイエクの『価格と生産』を酷評する。	LSEで講演。『価格と生産』を出版。『エコノミカ』誌上でケインズの『貨幣論』を批評する。	
一九三二年		ロンドン大学トゥック経済学・統計学記念講座の教授となる。	
一九三三年			F・ルーズベルト、金輸出を禁止。
一九三四年			A・ヒトラー、ドイツ総統となる。
一九三六年	『雇用・利子および貨幣の一般理論』を出版。	「経済学と知識」を発表(出版は一九三七年)。	
一九三七年	冠状動脈血栓症で重態に陥る。		
一九三八年	「若き日の信条」を発表(出版は一九四九年)。	イギリス市民権を取得する。	

一九三九年		『利潤、利子および投資』を出版。	第二次世界大戦勃発。
一九四〇年	『戦費調達論』を出版。		W・チャーチル、イギリス首相となる。
一九四一年		『資本の純粋理論』を出版。	
一九四四年		『隷属への道』を出版。	ブレトン＝ウッズ協定締結。
一九四五年			第二次世界大戦終結。
一九四六年	国際通貨基金、世界銀行の理事となる。四月二一日、心臓発作で死去。		
一九四九年		『個人主義と経済秩序』を出版。	
一九五〇年		シカゴ大学社会思想研究所に招かれ渡米する。	
一九五二年		『感覚秩序』、『科学による反革命』を出版。	
一九六〇年		『自由の条件』を出版。	

一九六二年		フライブルク大学教授となる。	
一九六九年		ザルツブルク大学客員教授となる。	
一九七三年		『法と立法と自由』Ⅰを出版。	第一次オイル・ショック。
一九七四年		ノーベル経済学賞を受賞する。	
一九七六年		『法と立法と自由』Ⅱを出版。 『貨幣発行自由化論』を出版。	
一九七九年		『法と立法と自由』Ⅲ、今西錦司との共著『自然・人類・文明』を出版。	
一九八八年		『致命的な思いあがり』を出版。	
一九九一年		アメリカ大統領自由勲章を受章する。	
一九九二年		三月二三日死去。	
一九九四年		『ハイエク、ハイエクを語る』が出版される。	

N.D.C.331　323p　18cm
ISBN978-4-06-288130-2

講談社現代新書　2130

ケインズとハイエク――貨幣《かへい》と市場《しじょう》への問《と》い

二〇一一年一二月二〇日第一刷発行　二〇二三年八月二日第六刷発行

著者　松原《まつばら》隆一郎《りゅういちろう》

発行者　鈴木章一
発行所　株式会社講談社
東京都文京区音羽二丁目一二―二一　郵便番号一一二―八〇〇一
電話　〇三―五三九五―三五二一　編集（現代新書）
〇三―五三九五―四四一五　販売
〇三―五三九五―三六一五　業務
装幀者　中島英樹
印刷所　株式会社ＫＰＳプロダクツ
製本所　株式会社ＫＰＳプロダクツ
定価はカバーに表示してあります　Printed in Japan

「講談社現代新書」の刊行にあたって

教養は万人が身をもって養い創造すべきものであって、一部の専門家の占有物として、ただ一方的に人々の手もとに配布され伝達されうるものではありません。

しかし、不幸にしてわが国の現状では、教養の重要な養いとなるべき書物は、ほとんど講壇からの天下りや単なる解説に終始し、知識技術を真剣に希求する青少年・学生・一般民衆の根本的な疑問や興味は、けっして十分に答えられ、解きほぐされ、手引きされることがありません。万人の内奥から発した真正の教養への芽ばえが、こうして放置され、むなしく滅びさる運命にゆだねられているのです。

このことは、中・高校だけで教育をおわる人々の成長をはばんでいるだけでなく、大学に進んだり、インテリと目されたりする人々の精神力の健康さえもむしばみ、わが国の文化の実質をまことに脆弱なものにしています。単なる博識以上の根強い思索力・判断力、および確かな技術にささえられた教養を必要とする日本の将来にとって、これは真剣に憂慮されなければならない事態であるといわなければなりません。

わたしたちの「講談社現代新書」は、この事態の克服を意図して計画されたものです。これによってわたしたちは、講壇からの天下りでもなく、単なる解説書でもない、もっぱら万人の魂に生ずる初発的かつ根本的な問題をとらえ、掘り起こし、手引きし、しかも最新の知識への展望を万人に確立させる書物を、新しく世の中に送り出したいと念願しています。

わたしたちは、創業以来民衆を対象とする啓蒙の仕事に専心してきた講談社にとって、これこそもっともふさわしい課題であり、伝統ある出版社としての義務でもあると考えているのです。

一九六四年四月　野間省一

哲学・思想Ⅰ

宗教

政治・社会

1145 冤罪はこうして作られる 小田中聰樹
1201 情報操作のトリック 川上和久
1488 日本の公安警察――青木理
1540 戦争を記憶する――藤原帰一
1742 教育と国家――高橋哲哉
1965 創価学会の研究――玉野和志
1977 天皇陛下の全仕事――山本雅人
1978 思考停止社会――郷原信郎
1985 日米同盟の正体――孫崎享
2068 財政危機と社会保障――鈴木亘
2073 リスクに背を向ける日本人 山岸俊男 メアリー・C・ブリントン
2079 認知症と長寿社会――信濃毎日新聞取材班
2115 国力とは何か――中野剛志
2117 未曾有と想定外――畑村洋太郎
2123 中国社会の見えない掟 加藤隆則
2130 ケインズとハイエク 松原隆一郎
2135 弱者の居場所がない社会 阿部彩
2138 超高齢社会の基礎知識 鈴木隆雄
2152 鉄道と国家――小牟田哲彦
2183 死刑と正義――森炎
2186 民法はおもしろい――池田真朗
2197 「反日」中国の真実――加藤隆則
2203 ビッグデータの覇者たち――海部美知
2246 愛と暴力の戦後とその後――赤坂真理
2247 国際メディア情報戦――高木徹
2294 安倍官邸の正体――田﨑史郎
2295 福島第一原発事故 7つの謎 NHKスペシャル『メルトダウン』取材班
2297 ニッポンの裁判――瀬木比呂志
2352 警察捜査の正体――原田宏二
2358 貧困世代――藤田孝典
2363 下り坂をそろそろと下る 平田オリザ
2387 憲法という希望――木村草太
2397 老いる家 崩れる街 野澤千絵
2413 アメリカ帝国の終焉 進藤榮一
2431 未来の年表――河合雅司
2436 縮小ニッポンの衝撃 NHKスペシャル取材班
2439 知ってはいけない――矢部宏治
2455 保守の真髄――西部邁

経済・ビジネス

世界の言語・文化・地理

世界史Ⅰ

世界史Ⅱ

知的生活のヒント

78 大学でいかに学ぶか 増田四郎
86 愛に生きる——鈴木鎮一
240 生きることと考えること 森有正
297 本はどう読むか——清水幾太郎
327 考える技術・書く技術——板坂元
436 知的生活の方法——渡部昇一
553 創造の方法学——高根正昭
587 文章構成法——樺島忠夫
648 働くということ——黒井千次
722 「知」のソフトウェア——立花隆
1027 「からだ」と「ことば」のレッスン——竹内敏晴
1468 国語のできる子どもを育てる——工藤順一
1485 知の編集術——松岡正剛
1517 悪の対話術——福田和也
1563 悪の恋愛術——福田和也
1620 相手に「伝わる」話し方 池上彰
1627 インタビュー術!——永江朗
1679 子どもに教えたくなる算数 栗田哲也
1865 老いるということ——黒井千次
1940 調べる技術・書く技術——野村進
1979 回復力——畑村洋太郎
1981 日本語論理トレーニング——中井浩一
2003 わかりやすく〈伝える〉技術——池上彰
2021 新版 大学生のためのレポート・論文術——小笠原喜康
2027 地アタマを鍛える知的勉強法——齋藤孝
2046 大学生のための知的勉強術——松野弘
2054 〈わかりやすさ〉の勉強法——池上彰
2083 人を動かす文章術——齋藤孝
2103 アイデアを形にして伝える技術——原尻淳一
2124 デザインの教科書——柏木博
2165 エンディングノートのすすめ——本田桂子
2188 学び続ける力——池上彰
2201 野心のすすめ——林真理子
2298 試験に受かる「技術」——吉田たかよし
2332 「超」集中法——野口悠紀雄
2406 幸福の哲学——岸見一郎
2421 牙を研げ 会社を生き抜くための教養 佐藤優
2447 正しい本の読み方 橋爪大三郎

日本語・日本文化

105 タテ社会の人間関係 中根千枝
293 日本人の意識構造——会田雄次
444 出雲神話——松前健
1193 漢字の字源——阿辻哲次
1200 外国語としての日本語——佐々木瑞枝
1239 武士道とエロス——氏家幹人
1262 「世間」とは何か——阿部謹也
1432 江戸の性風俗——氏家幹人
1448 日本人のしつけは衰退したか——広田照幸
1738 大人のための文章教室 清水義範
1943 なぜ日本人は学ばなくなったのか——齋藤孝
1960 女装と日本人——三橋順子

2006 「空気」と「世間」——鴻上尚史
2013 日本語という外国語 荒川洋平
2067 日本料理の贅沢——神田裕行
2092 新書 沖縄読本——下川裕治 仲村清司 著・編
2127 ラーメンと愛国——速水健朗
2173 日本人のための日本語文法入門——原沢伊都夫
2200 漢字雑談——高島俊男
2233 ユーミンの罪——酒井順子
2304 アイヌ学入門——瀬川拓郎
2309 クール・ジャパン!? 鴻上尚史
2391 げんきな日本論——橋爪大三郎 大澤真幸
2419 京都のおねだん——大野裕之
2440 山本七平の思想——東谷暁